Mondes en transitions

Christian Oyarbide

Réinventer le mutualisme

{LES Petits matins}

Du même auteur:

La Sécurité sociale au cœur de la démocratie (avec Jean-Pierre Daniel), Cercle Vivienne, 2020

Mortel Management. La valse des souris, Éditions Pascal, 2011

Mon boss... ses trucs et ses tics. 25 recettes pour démasquer votre patron, François Bourin, 2007

Conception graphique: Arnaud Lebassard
Couverture: Thierry Oziel
Maquette et correction: Sylvain Blandy
La collection «Mondes en transitions» est dirigée par Camille Dorival

Les petits matins
10, rue de Chantilly, 75009 Paris
www.lespetitsmatins.fr

ISBN: 978-2-36383-375-4
Diffusion: Interforum – Volumen
Distribution: Interforum

SOMMAIRE

AVANT-PROPOS
À la recherche du mutualisme perdu

Tombé tardivement et un peu par hasard « en mutualité », j'espérais naïvement y trouver des réponses aux questions de sens qui planent sur mon activité professionnelle depuis que je travaille et plus encore depuis que je dirige.

« J'espérais », parce que des valeurs qui me parlent s'affichent aux frontons de toutes les mutuelles et de tous les organismes qui les regroupent. « Naïvement », parce qu'en réalité... En réalité, je ne retrouve pas, ou pas vraiment, derrière ces affichages la force de cet engagement tout simple : être utile aux autres, être utile à tous, être utile à chacun et singulièrement à ceux qui en ont le plus besoin ; cet engagement qui devrait irriguer toutes nos décisions de dirigeants mutualistes.

J'ai commencé à réfléchir à ce que pourrait vouloir dire cet engagement et, immédiatement, une multitude de questions ont surgi, percutant quelques convictions. Je livre les unes (questions) et les autres (convictions) à la discussion. Elles sont encore inabouties, sinueuses. Parfois contradictoires. Si je peux apparaître donneur de leçons, je prie par avance le lecteur de m'en excuser. En réalité, la seule excuse qui vaille est de mettre à l'épreuve par l'action les concepts que l'on défend. À ce propos, je précise que, dans l'exercice de la présidence des mutuelles du logement Mutlog et Mutlog Garanties, je m'efforce d'appliquer certaines des idées que je défends ici. Nous sommes loin d'être au bout du chemin, mais le mouvement est engagé et, à ce stade, il est positif et vertueux. Il a été brièvement exposé sur le site Place de la santé de la Fédération nationale de la Mutualité française (FNMF) en mai 2022.

Dernière précaution rhétorique : de multiples sujets majeurs pour nos avenirs communs de citoyens français, de l'Europe et de la planète ne sont présents qu'en creux ou en ombres chinoises dans les pages qui suivent. Par exemple, l'Union européenne et ses normes, la démocratie politique représentative et ses limites, la protection sociale à la française et ses remises en cause, la crise écologique et notre rapport au monde, etc. J'ai délibérément pris le parti d'une introspection mutualiste parce qu'elle me semble faire cruellement défaut à notre mouvement. Cependant, je n'ai pas voulu infliger au lecteur l'obligation de m'accompagner dans tous les entrelacs des raisonnements. Ce livre s'ouvre donc sur une première partie – assez brève – qui résume des affirmations « coups de cœur » et « coups de gueule » argumentées dans les parties suivantes.

C'est pourquoi j'entame cet ouvrage par ce qui, en général, arrive à la fin : propositions et affirmations. Ce sont elles, évidemment, qui feront débat. Et ce d'autant plus qu'elles sont parfois à peine esquissées, partielles, voire partiales. Et toujours légitimement questionnables. En réalité, ce sont, à mes yeux, les questionnements qui sont essentiels. Dans une période où, pour faire société, tant est à reconstruire dans et en dehors du mutualisme, le temps n'est pas aux réponses toutes faites, aux certitudes faciles. Questionner à coups de « pour quoi ? » est ma première exigence. Et si, au fond, cet ouvrage n'avait qu'une ambition, ce serait de vous la faire partager.

PREMIÈRE PARTIE

COUPS DE CŒUR
ET COUPS DE GUEULE
MUTUALISTES

Le mutualisme porte une histoire riche, contrastée, bousculée. Mais, aujourd'hui, il ronronne sur des mots-valeurs dont il ne prend plus la peine de questionner ni le sens historique, ni l'incarnation présente, ni les espoirs d'avenir. Alors, ces valeurs s'étiolent et le mutualisme avec elles : il est devenu le royaume des passions finissantes.

J'entame donc cette partie sur une proposition : ouvrons une « salle de shoot » aux utopies mutualistes ! J'enchaîne avec les impératifs qui devraient nous guider pour proposer des (re)formulations de notre raison d'être et de nos valeurs essentielles. Immédiatement, il faut préciser que ces (re)formulations sont partielles et partiales. Partielles parce qu'elles doivent se couler, se mouler, dans les spécificités de chaque mutuelle. Partiales parce qu'elles s'appuient sur une conception militante de la mutualité, une conception délibérément clivante.

CHAPITRE 1
Se shooter aux utopies mutualistes

Proposition étrange ? Ras le bol d'égrener des motifs raisonnables d'être mutualiste ! Et donc ? Si nous nous laissions aller à nous shooter aux utopies, à prendre le risque d'affirmer que réenchanter l'engagement mutualiste, c'est se donner les moyens de se sentir utile, libre, acteur, aligné, humain ? Rien que ça ? Tout ça ! Je prends le pari que si l'un de ces mots, un seul, fait écho en vous à une envie inassouvie, un rêve inabouti, alors nous pouvons, ensemble, réfléchir à comment « refaire mutualité ». Mais attention ! Peu de mutuelles sont aujourd'hui outillées en utopies. Et pourtant ? Si nous rêvions de nous sentir...

Utiles ?

La mission d'une mutuelle, c'est d'être utile. Utile aux autres, utile à l'autre. Utile à celui qui en a le plus besoin. À tous ceux qui en ont besoin. Utile au monde. Cette mission ne souffre pas de compromis. Dans une période de quête de sens, quoi de plus exaltant que d'être au service d'une utilité qui nous grandit, nous dépasse ? Évidemment, « être utile », c'est bien davantage qu'exécuter un contrat, calculer des résultats, empiler des process ou marketer des services. Mais alors, qu'est-ce que c'est ?

Libres ?

Être utile, c'est d'abord s'octroyer la liberté de penser aux autres. La liberté de rêver que nous pouvons faire plus que de payer des prestations, rembourser des prêts ou prendre en charge des bris de pare-brise. Rêver que nous pouvons donner accès à la santé, au logement, à la mobilité. Prendre conscience que cette mission non seulement nous oblige mais nous rend légitimes à enjamber tout ce qui entrave : réglementations, injonctions de l'État ou du marché.

Libres et légitimes d'imaginer que nos ressources mutualistes (données, logiciels, argent, adhérents, bénévoles) puissent servir à régler les vrais problèmes des vraies gens. Libres de prendre le temps de les écouter, de leur donner la parole, parce que le temps mutualiste échappe au court-termisme financier ou mercantile. Libres d'apprendre de ceux qui innovent. Libres de nous tromper, de chercher, d'inventer. Libres de faire éclore des relations, des engagements qui ne doivent rien à l'argent, au contrat, au process. Libres de nous mettre collectivement en mouvement : élus, salariés, adhérents, délégués, bénévoles, militants, citoyens, acteurs qui partagent notre envie d'être utiles…

Quel plaisir, quand on croit être isolé, reclus dans les espaces qui nous sont assignés, de sentir qu'il est possible, tous ensemble, d'aller plus loin, d'aller ailleurs ! Le mouvement crée le mouvement, l'envie des uns relaie celle des autres et ce qui semblait être un rêve soudain s'incarne. Mais pour aller où ?

Acteurs ?

Pas besoin de boussole. Les valeurs mutualistes guident et pavent le chemin vers l'utilité. Même si les pavés sont parfois glissants. Prenons l'exemple de la démocratie. Beaucoup d'entre nous – élus et salariés mutualistes – vivons, dans nos organismes, la démocratie – la vraie – comme une contrainte : la démocratie, la vraie, c'est lent, c'est « prise de tête ». Et pourtant, dans les sociétés modernes, elle est partout désirée et partout menacée. Ses formes traditionnelles se sont essoufflées, mais partout germent de nouvelles pousses démocratiques qui expérimentent et proposent.

Rêvons un instant d'une mutuelle dans laquelle la délibération et la dispute bienveillante seraient la règle, la mesure. Une mutuelle en mouvement, créative, qui, à tout instant, se poserait collectivement la question du sens de son action, qui ne craindrait pas d'affronter et d'assumer par l'argumentation les inévitables tensions entre utilité et économie. Quel beau laboratoire, quel bel exemple pour tous ceux qui croient possible de réinventer la démocratie ! Et quel pied de nez à tous les populistes de mauvais augure ! Quelle bonne raison de témoigner devant tous ceux qui rêvent encore d'un monde meilleur ! Ne boudons pas notre plaisir d'être présents au monde avec tous les acteurs de sa transformation.

Alignés ?

Agir en étant utile, agir selon des valeurs… Sentir qu'un collectif engagé partage les mêmes interrogations et les mêmes buts, par-delà ou avec nos différences, quoi de plus réconfortant ? Il est d'usage aujourd'hui de désigner cette sensation sous l'expression « se sentir aligné ». Je ne développe pas : tout un chacun a vécu la souffrance de ne pas l'être et le plaisir de le redevenir.

Simplement humains ?

Le projet mutualiste permet, collectivement et individuellement, par l'alignement des buts (être utile) et des voies (les valeurs), de dépasser une bonne partie des tensions qui traversent toute action, tout acteur. Il offre la liberté de conjuguer les plaisirs des chemins singuliers et ceux d'une universelle utilité. Libre, singulier et universel, en un mot : humain.

CHAPITRE 2
Affronter nos devoirs mutualistes

Nos devoirs mutualistes sont à mon sens de trois ordres.

Questionner notre utilité

Le mutualisme n'a de nécessité spécifique que s'il imagine des réponses différentes de celles proposées par le marché ou l'État aux besoins de ses adhérents et, au-delà, des populations les plus en difficulté. Aucune raison ne saurait justifier l'abandon de cette exigence. Si, dans la mutualité, il n'y a pas l'énergie, le courage et l'inventivité pour résister aux injonctions externes et repenser ces réponses à la lumière des besoins du moment, alors le mutualisme n'a plus d'utilité.

Aujourd'hui, les espaces et les moyens d'intervention pour être utiles sont immenses. Mais ils sont largement à réinventer. Si nous ne savons pas nous saisir de cette opportunité, alors ne déplorons pas d'être perçus par nos gouvernants comme des supplétifs d'une Sécurité sociale étatisée et ne fustigeons pas le manque d'enthousiasme des jeunes à s'engager avec nous.

Une mutuelle ne peut pas faire l'économie du débat démocratique sur son engagement à activer de telles réponses. Pour cela, nous devons réaffirmer et prouver que l'horizon de notre raison d'être dépasse les seules dimensions assurantielles de nos activités. Il nous faut élargir nos finalités de la couverture d'un risque à la prise en charge de besoins essentiels (accès aux soins plutôt que complémentaire santé, accès au logement plutôt qu'assurance des emprunteurs, autonomie plutôt qu'assurance auto...), mais aussi nous engager à peser sur les conditions économiques et sociales qui génèrent ces besoins.

La reformulation de la mission du mutualisme est donc un préalable à l'affirmation de son utilité. Mais cette reformulation passe par celle de notre ambition. Les mutuelles ont-elles pour mission de jouer le plus utilement possible dans les règles imposées par d'autres (le marché, la finance, l'État, les régulateurs) ? De changer ces règles du jeu ? Ou encore de changer le jeu ? Quelle que soit la réponse, être mutualiste, c'est au minimum être au clair collectivement sur notre mission et démontrer par l'exemple, par l'action, comment celle-ci nous rend spécifiquement utiles aux autres.

La forme mutualiste nous impose de travailler démocratiquement cette utilité : c'est d'ailleurs par l'alchimie de la démocratie que la non-lucrativité transforme en valeur ce qui ne serait, sans elle, qu'une modalité économique d'exercice d'un métier. C'est cette alchimie qui permettra de nous mettre collectivement en mouvement, au même rythme et à l'unisson.

Les fédérations prétendant diriger – au sens d'un chef d'orchestre – ce mouvement doivent également travailler leurs partitions. Si elles se limitent à la défense des intérêts de leurs membres (les mutuelles), elles ne peuvent se réclamer de valeurs universelles. Si elles prétendent ontologiquement être « utiles au monde », elles doivent s'outiller pour aider leurs mutuelles à le prouver.

Ne jamais sacrifier une valeur

Les multiples dimensions de l'utilité mutualiste, comme les valeurs qui les guident, sont parfois contradictoires, mais elles sont indissociables. Il n'est pas concevable de sacrifier les unes aux autres sans débat : elles se nourrissent mutuellement et n'ont de sens que si elles font système.

L'omerta sur les tensions entre nos valeurs, ou entre celles-ci et nos formes d'utilité, débouche toujours sur la victoire des solutions les moins coûteuses ou des plus rentables. L'élucidation collective de ces tensions et des critères de choix qui hiérarchisent les réponses fait partie intégrante de la démocratie mutualiste : elle n'en est pas un préalable, elle en est la substance.

La référence aux valeurs guide ces choix : notre devoir minimal est d'incarner celles-ci dans le pilotage de nos mutuelles.

Repenser notre mission

Mais l'invocation des valeurs nous oblige bien au-delà de l'exécution vertueuse du contrat d'assurance qui nous lie à nos adhérents. L'horizon du mutualisme, c'est de défendre les valeurs pour elles-mêmes et pas seulement pour leur utilité dans nos métiers. Nous devons incarner les valeurs non pas pour nous différencier, mais pour prouver par l'exemple à l'ensemble de la société que l'on vit mieux avec ces valeurs. Ce « mieux » reste à définir et nous impose de formuler notre raison d'être. Mais, là aussi, celle-ci ne sera mutualiste que si elle dépasse nos métiers et nos engagements contractuels pour parler à l'ensemble de la société.

Certes, nous ne pouvons pas prétendre avoir à dire, et encore moins devoir agir, sur tous les problèmes du monde. Nous devons donc préciser où, quand et comment nous sommes utiles et comment cette utilité limitée contribue à une utilité plus globale, transformatrice du monde. Nous devons donc également admettre de devoir dire et agir avec d'autres et choisir nos amis. Ces amis, selon moi, se trouvent parmi tous ceux qui œuvrent pour construire un monde durablement habitable. Ils ne sont donc pas nécessairement ni exclusivement dans le camp mutualiste.

Éclairer ces lignes de front est une absolue nécessité si nous voulons éviter les confusions. Cependant, nous ne serons crédibles – y compris à nos propres yeux – que si nous acceptons d'incarner nos « dire » dans nos « agir ». Les critères d'évaluation des impacts de cette incarnation doivent donc également et urgemment être repensés si nous ne voulons pas courir après ceux élaborés par nos adversaires.

Évidemment, les valeurs, ça coûte : en termes d'écoute, d'efforts d'imagination, de bienveillance. Et ce d'autant plus que le nombre de personnes concernées par leur mise en œuvre est plus grand. Il n'y a pas d'économies d'échelle dans la solidarité ou la démocratie, les deux valeurs mutualistes les plus incontournables ! À l'inverse, l'exemplarité dans l'incarnation ne vaut pas moins parce qu'elle s'adresserait à un plus petit nombre. Petites et grandes mutuelles ont des devoirs à proportion de leur taille, mais leur utilité ne se mesure pas à l'aune de celle-ci.

CHAPITRE 3
Faut-il être gros pour changer le monde?

Dans une discussion avec des collègues engagés autour des questions de santé et d'assurance, j'évoquais les ambitions possibles d'un grand opérateur français dans l'apport de solutions d'aide et de maintien à domicile ancrées dans les territoires. Je faisais observer que ce groupe, disposant d'un maillage très dense, d'une offre de services de proximité en cours de construction et d'une filiale d'assurance santé prévoyance, avait tous les atouts, s'il le voulait vraiment, pour devenir la référence dans ces domaines et servir les populations les plus éloignées des systèmes sociaux et de santé. Un de mes interlocuteurs me fit cependant cette remarque: «Certes, mais tout cela reste franco-français; à l'échelle de la planète, la France n'est qu'une petite région et cet opérateur restera toujours petit, toujours local, sans poids réel.»

Desserrer l'étau du capitalisme

Pour peser sur la marche du monde, il faudrait donc absolument être «gros» et «mondial». Je n'ai pas trouvé, sur l'instant, d'objection à cette affirmation. En y repensant, il m'est apparu que nous avions commis une erreur de point de vue toute simple: être gros et mondial est-il une garantie d'emprise sur le cours des choses? Axa ou Allianz ont-ils, de ce point de vue, davantage d'atouts potentiels que notre opérateur franco-français (à supposer que les uns ou l'autre ambitionnent de changer le monde, ce qui est loin d'être évident) ?

Axa ou Allianz, sociétés mondiales, cotées en Bourse, agissent sous l'emprise des règles du capitalisme mondialisé et régulé, qui constituent un étau à trois mâchoires : les exigences des actionnaires, la concurrence et, compte tenu de leur taille, les multiples régulations destinées à protéger non seulement les deux premières mâchoires, mais également toute l'architecture du libéralisme financier et consumériste. Leur marge de manœuvre pour desserrer cet étau et proposer d'autres modèles globaux en vue d'agir pour le monde est quasi nulle.

Bien entendu, Axa et Allianz, comme d'autres entreprises, satisferont demain – avec bonne volonté, voire plus – à la poussée d'une quatrième mâchoire autour d'engagements sociétaux et environnementaux, mais là encore sous la contrainte de modèles extérieurs à elles. En revanche, si l'on considère d'autres acteurs mondiaux comme les Gafam, leur emprise sur le cours des choses est plus complexe à décoder : un Jeff Bezos, un Sundar Pichai, un Mark Zuckerberg semblent avoir davantage de marges de manœuvre. Mais qu'en sera-t-il dans quelques décennies ? Devant qui devront-ils rendre compte de leur action ? Personne ? Il n'y aurait donc pas de limites à l'exercice de leur pouvoir ? Leur espace de jeu serait-il aussi vaste que leur ego ?

Les philosophes grecs ont très tôt identifié l'*hubris*, la démesure, comme l'un des fléaux de l'humanité. Pour autant, dans l'histoire de l'humanité, aucun pouvoir démesuré n'est parvenu à se pérenniser. Quelles forces pourraient demain limiter les pouvoirs des Gafam ?

Pour ce qui est d'aujourd'hui, je proposerais rapidement trois scénarios. Le premier, porté par les démocrates états-uniens, s'inscrit dans la tradition antitrust libérale: le démantèlement des Gafam au motif que leur hégémonie fausse la concurrence. Un rapport parlementaire américain a suggéré des pistes crédibles. Reconfigurés, les Gafam se retrouveraient *de facto* – et c'est le but – soumis à la pression des mâchoires décrites plus haut et ne seraient pas plus en position de peser sur la marche du monde qu'Axa ou Allianz. La limite de ce scénario, dans la période actuelle, est la compétition entre les États-Unis et la Chine, notamment avec les BATX (Baidu, Alibaba, Tencent et Xiaomi, les Gafam chinois). Pourquoi les États-Unis prendraient-ils le risque d'affaiblir leurs champions et, ce faisant, de s'affaiblir eux-mêmes pour défendre un idéal libéral qui a du plomb dans l'aile par ailleurs?

L'actuelle prégnance idéologique populiste-illibérale pourrait alors constituer une chance pour les Gafam: ils endosseraient le rôle de défenseurs d'un modèle démocratique occidental menacé par l'impérialisme chinois (ou autre). Dans cette compétition mondialisée, la question ne serait plus de changer le monde, mais de préserver un pseudo-mode de vivre occidental ultralibéral et individualiste, au prix, cependant, d'un contrôle accru des mouvements contestataires, sources de division, et d'un recul des libertés collectives et des droits sociaux supposés pénalisants dans la compétition économique avec la Chine. Les Gafam mettraient leurs gigantesques réservoirs de données et la puissance de leurs algorithmes comportementaux prédictifs au service de cette « noble cause », ce qui les exonérerait d'un contrôle accru sur leurs pratiques anticoncurrentielles. Là encore, on constate que leur prétention à changer le monde serait bradée au profit de leur business. Ce deuxième scénario est évidemment pire que le premier.

Le troisième relève de ce qu'on pourrait appeler une «utopie volontariste», appuyée sur des collectifs citoyens résistants qui refusent cette alternative. Une coalition d'anti... mais d'anti-quoi, au juste? En réalité, la réponse à cette question est de peu d'importance. En effet, «être anti» ne constitue pas un projet pour changer le monde, même si ce peut être un moteur d'engagement. C'est là que l'on retrouve l'ambition mutualiste.

Et si l'une des missions d'un acteur (fût-il local, voire très local) était, au-delà de son activité propre, de démontrer par l'exemple que sont possibles d'autres modèles de développement et de vivre-ensemble que ceux imposés par le capitalisme mondialisé libéral ou son avatar illibéral-digital? Des modèles solidaires pour lesquels l'humain et le citoyen (les deux termes ont leur importance) sont les valeurs suprêmes. Et si une autre de ses missions était non pas d'imposer ces modèles, mais de les faire émerger et grandir par des processus démocratiques? Et si, enfin, la dernière mission de cet acteur était de porter ces modèles à la connaissance et au débat des citoyens, de les mettre en résonance avec d'autres initiatives ayant les mêmes ambitions pour démontrer qu'être respectueux (des autres, de la planète et de soi-même), attentif à tous et à chacun, est possible, utile et efficace, et peut faire école si l'on y met de la conviction? Car cette conviction ne s'épanouit pas nécessairement mieux chez les «gros». Générateur de convictions, cet acteur aurait davantage d'impact sur le changement de trajectoire de notre monde que tous ces mastodontes dont nous avons parlé.

Santé : le pari du local

Un pari ? En effet. Mais avons-nous d'autre choix que d'être convaincus qu'il est possible de changer le monde ? Et si pour l'être, il faut commencer petit, alors allons-y petit ! Et, en grossissant, attention à ne pas perdre la conviction en chemin. Est-ce si utopique ? Prenons un exemple. Aujourd'hui, dans la santé, se joue une course aux armements qui aura des conséquences majeures sur nos sociétés. Pour la démonstration, partons des premières lignes d'un article du *Monde* de 2020[1] :

« Imaginons une Américaine nommée Jenna Miller. Après une journée passée le nez pris, elle décide dans la soirée de se soigner. Elle ouvre sur son téléphone l'application Amazon Care et clique sur "discussion en ligne avec une infirmière". De l'autre côté de l'écran, la soignante est assistée par Health Navigator, un logiciel d'aide au diagnostic et à l'orientation des patients grâce à l'intelligence artificielle. L'infirmière conclut à une sinusite et conseille à Mme Miller de voir un médecin dans les vingt-quatre heures. Le lendemain matin, la malade opte pour une "consultation vidéo", toujours par l'intermédiaire d'Amazon Care. À distance, le médecin prescrit un antibiotique et un traitement d'accompagnement. L'échange oral est retranscrit par le logiciel de reconnaissance vocale Transcribe. Puis inscrit dans le dossier de la patiente, stocké en ligne par l'hébergeur AWS. Le soir, Mme Miller reçoit chez elle ses médicaments, livrés par la société Pillpack. Le lendemain matin, sur l'enceinte connectée Echo de sa cuisine, l'assistant vocal Alexa lui rappelle de prendre ses pilules. Le coût des soins est, lui, pris en charge par Haven, l'assureur-santé de l'employeur de Jenna Miller. » Et le journaliste de

1. Alexandre Piquard, « Amazon se lance discrètement dans la santé », *Le Monde*, 12 février 2020.

conclure : « Le point commun entre les services mentionnés dans cette fiction est qu'ils appartiennent tous à Amazon. Le champion de l'e-commerce est pourtant plus connu pour la vente de livres, de vêtements ou d'appareils électroniques que comme un acteur de la santé. Après avoir révolutionné le commerce, l'entreprise de Jeff Bezos pourrait-elle bousculer notre accès aux soins médicaux ? »

Amazon achève, tout simplement, la transformation de la pratique des professionnels de santé en offre de services, et celle des malades en consommateurs de solutions de soins. Cette dérive a été abondamment dénoncée et il serait de peu d'utilité d'y revenir ici. Je veux simplement proposer une petite histoire alternative démontrant qu'il est possible de faire autrement sans mobiliser les moyens d'une gigantesque firme mondiale.

Imaginons Geneviève Destrac, 70 ans, peu familière des réseaux sociaux, habitante d'une zone rurale devenue un quasi-désert médical. Son nez coule et un fort mal de tête ne la quitte plus. Dans le dernier commerce du village – un café multifonctions soutenu par la municipalité –, elle croise Andréa, l'infirmière, et répond à son salut par un : « Ça ne va pas fort. » Après un bref échange, Andréa soupçonne plus qu'un simple rhume. Membre de la CPTS (communauté professionnelle territoriale de santé) locale, elle décrit sur le réseau social de cette communauté et sur celui des patients du territoire – créé par la Mutuelle du Coin – les symptômes de Geneviève. Il apparaît que d'autres personnes les éprouvent également. Un prédiagnostic est partagé : Mme Destrac souffrirait d'une allergie – sévère dans son cas – au pollen de bouleau. L'un des médecins du réseau prend le dossier en main : il fixe un rendez-vous en urgence à la septuagénaire et, une fois l'examen réalisé, échange avec l'allergologue du CHU, correspondant de la CPTS, qui confirme le diagnostic et alerte sur ses conséquences parfois sérieuses sur les personnes fragiles. Le traitement de Geneviève est ajusté en conséquence.

La communauté de patients et les membres de la CPTS relaient sans attendre l'information sur leurs réseaux, ainsi que dans les salles d'attente des cabinets médicaux et les pharmacies ; la Mutuelle du Coin mobilise ses bénévoles. L'objectif est d'aller au-devant des populations les plus exposées à des complications sévères et de les inciter à consulter, soit physiquement, soit via le système de téléconsultation proposé par la mutuelle. Les mairies du canton sont sollicitées pour organiser des réunions d'information. Les élus locaux, la mutuelle, les membres de la CPTS et les animateurs de la communauté de patients s'accordent sur la nécessité, au printemps suivant, d'anticiper le problème. Sur son fonds d'entraide, la mutuelle débloque un budget modeste pour une campagne de désensibilisation en direction des personnes les plus exposées. Elle partage cette expérience avec les autres mutuelles implantées dans la région.

À cette occasion, le projet déjà ancien mais jamais réalisé de création d'une base de données des facteurs de risques locaux – projet justifié par le passé minier du territoire et porté par la CPTS et la Mutuelle du Coin – se débloque. Les réticences des usagers et des élus en matière de protection des données sont réévaluées à l'aune de cette expérience. La direction départementale de la Santé au travail se joint au projet avec l'accord du patronat local. Et, comme par miracle, un ensemble d'acteurs qui jusqu'ici s'ignoraient se solidarisent autour de cette action toute simple, banale : la prévention de l'allergie au bouleau.

En conclusion, nous, dirigeants mutualistes d'aujourd'hui, quelles que soient notre activité et ses modalités d'exercice, notre dimension, avons le devoir de mettre en lumière nos échecs, limites et succès pour – autant que faire se peut – livrer quelques clés à nos successeurs. Car il est encore possible d'espérer que de nouvelles générations s'emparent du projet mutualiste pour le reformuler.

CHAPITRE 4
Raison d'être, valeurs et forme mutualistes

Nous verrons dans les développements qui suivent pourquoi, de mon point de vue, ni l'énumération de valeurs ni leur énonciation ne qualifient le mutualisme. Cette qualification ressortit plutôt à ce que l'on appelle aujourd'hui la « raison d'être[2] ».

Les réflexions qui suivent m'ont conduit à la formulation intermédiaire d'une raison d'être qui pourrait valoir, me semble-t-il, pour tous les mutualistes : « Être universellement utiles, sans jamais utiliser les humains seulement comme des instruments, mais en les posant toujours comme une fin et sans jamais sacrifier inutilement nos valeurs. » En adoptant un niveau d'ambition plus élevé – et plus clivant –, je l'ai en toute fin d'ouvrage reformulée ainsi : « Se tenir à la marge des normes du pouvoir en éprouvant le plaisir d'être universellement et collectivement utiles aux humains, seule fin de nos engagements. » Les deux affirmations ne sont pas contradictoires : elles proposent des points de vue militants différents. Quoi qu'il en soit, l'universalité de l'utilité revendiquée assoit la première des valeurs mutualistes : la solidarité.

2. Selon la loi Pacte (alinéa 2 de l'article 1833), l'organisation qui affiche une « raison d'être » « est gérée dans son intérêt social en prenant en considération les enjeux sociaux et environnementaux de son activité ». Elle peut ainsi élargir son objet social à la prise en compte de ces enjeux.

Incarnation

Les valeurs, si elles ne définissent pas la raison d'être mutualiste, n'en sont pas moins indispensables à son incarnation : ce sont elles qui lui donnent consistance ; elles en sont à fois les guides et l'horizon. À ce titre, certaines d'entre elles ne sont pas optionnelles, notamment la solidarité, comme nous l'avons dit, mais aussi la démocratie. Certes, ni l'une ni l'autre ne sont notre apanage : elles parlent « de » et « à » l'ensemble de la société, et c'est précisément ce qui fait leur valeur. Leur accoler le qualificatif « mutualiste » ne spécifie, en réalité, qu'une modalité de leur incarnation, au service de la raison d'être, en épousant la forme mutualiste.

La forme mutualiste est la suivante : des sociétés de personnes, réunion de sujets tous légitimes à prendre parti (une personne = une voix) et bénéficiaires de droits, construites comme des collectifs dont la mission n'a de sens qu'avec et au bénéfice de tous, et dont l'utilité s'incarne et se vérifie dans les résultats de leur action.

Raison d'être, valeurs et formes sont donc indissociables quand on cherche à approcher ce qu'est une mutuelle. Mais, si la forme est en partie donnée par les textes et par l'histoire[3], la relation entre raison d'être et valeurs est de causalité. La nécessité spécifique des secondes émane de la première, et elles lui rendent justice en l'incarnant.

Gouvernance

Les mutuelles constituent l'un de ces lieux démocratiques, espaces de formation de la conscience morale (on peut

3. Bien que celle-ci soit toujours sujette à discussion, comme en témoigne le débat sur le rôle de dirigeant effectif (donc responsable devant les régulateurs) ou non du président, par exemple.

aussi dire citoyenne), qui solidarisent les humains autour d'une éthique de l'argumentation et les instituent, dans le même mouvement, en tant que sujets, citoyens et, pour nous, mutualistes. La raison d'être mutualiste n'a de sens que si elle se forme, se transforme, dans et par ce lieu.

Je mets une proposition en débat : faire de la vie de nos valeurs une fonction clé de notre gouvernance mutualiste ! Affirmons que cette fonction clé s'impose à toutes les dimensions de nos métiers. La portée de cette affirmation est considérable : notre raison d'être domine, encadre l'irrésistible extension des normes issues de référentiels externes à nous, qu'ils soient prudentiels ; consuméristes ; environnementaux, sociaux et de gouvernance (ESG) ; relatifs à l'investissement socialement responsable (ISR) ou autres.

C'est donc bien notre raison d'être qui nous redonne la liberté – mais aussi l'obligation – de nous shooter aux utopies.

DEUXIÈME PARTIE

POURQUOI QUESTIONNER LE MUTUALISME AUJOURD'HUI ?

Dans nos démocraties représentatives en crise, l'État centralisé n'est pas en situation d'anticiper ni même d'aller au-devant des difficultés individuelles (et dans bien des cas collectives) que connaissent les citoyens. Face à des demandes qui ont du mal à s'exprimer ou sont non solvables, il est inconcevable de laisser cette mission au marché – mission que d'ailleurs les acteurs marchands ne revendiquent pas. Je pars de la conviction que, face à des besoins que ni le marché ni l'État ne sont à même de résoudre, seuls des acteurs de proximité, solidaires et démocratiques sont en situation d'agir utilement.

À ce propos, Jérôme Saddier, président d'ESS France, écrit: « L'épreuve de la vérité sur le temps long se mesure à la loyauté des dirigeants (exécutifs et non exécutifs) à l'objet social de l'entreprise, à la raison d'être (si elle ne relève pas que de la communication) et à la mission revendiquée. Ce qui ne fait – *a priori* – pas débat dans l'économie sociale et solidaire[4]. » L'incise « *a priori* » laisse planer un doute – délibéré je pense – sur l'universalité de cette fidélité. C'est précisément, pour la mutualité, celle-ci que nous allons questionner.

Accaparées par la pression des contraintes prudentielles, du marché et de l'État, les mutuelles se sont trouvées dans l'incapacité de repenser leurs modèles face aux profondes mutations des sociétés occidentales: mobilités de tous ordres distendant les liens de solidarité anciens, apparition de nouveaux besoins (perte d'autonomie, pathologies chroniques, exclusions...),

4. Jérôme Saddier, *Pour une économie de la réconciliation. Faire de l'ESS la norme de l'économie de demain*, Les petits matins, 2022.

dislocation du mythe du salariat généralisé et chômage structurel, crise climatique et environnementale, épuisement des formes de démocratie représentative, etc.

Sous cette pression, les mutuelles ont fait éclore des générations de dirigeants dont la priorité est devenue la survie ou la croissance de leur organisation. Les raisons d'être et les valeurs spécifiques au mutualisme sont passées au second plan et n'ont pas été reformulées pour adhérer aux réalités sociétales du moment. Dans la longue histoire du mutualisme, ce n'est pas la première fois que cela se produit.

Ce n'est évidemment pas une excuse : selon moi, les dirigeants mutualistes d'aujourd'hui ont le devoir de mettre en lumière leurs « infidélités », leurs échecs et succès pour – autant que faire se peut – livrer quelques clés à leurs successeurs. Car il est encore possible d'espérer que de nouvelles générations s'emparent du projet mutualiste pour le repenser.

Je vais tenter d'apporter une pierre à cet impératif d'éclaircissement en questionnant la nécessité de ce projet et des valeurs sur lesquelles il s'appuie.

CHAPITRE 5
Le mutualisme est-il nécessaire ?

Le mutualisme n'a de nécessité que s'il propose des réponses différentes de celles du marché ou de l'État aux besoins de la population, ainsi qu'une action transformatrice des difficultés générant ces besoins. Dans le cas contraire, faire perdurer une forme d'organisation qui agit, au bout du compte, comme n'importe quelle autre (capitaliste, paritaire, coopérative, associative...) n'a pas de justification en soi.

Malgré cela, comme pour toute organisation, deux motivations simplement utilitaristes peuvent conduire une mutuelle à agir pour durer. La première est l'instinct de survie ou, pire, le désir de puissance : l'organisation agit pour elle-même, pour maintenir l'emploi de ses salariés, assurer le statut de ses dirigeants, être plus forte que ses compétitrices... Évidemment, de telles motivations ne justifient en rien la nécessité de la forme mutualiste.

La seconde motivation est la volonté de démontrer une plus grande efficacité de la forme mutualiste comparativement à d'autres. Cette dimension est plus exigeante à activer que la précédente, car elle suppose de clarifier les critères de cette efficacité. Sont-ils identiques à ceux des sociétés de capitaux ou des groupes paritaires ? Si oui, la forme mutualiste ne peut là non plus prétendre être nécessaire. Attardons-nous sur ces critères.

La majorité des citoyens, en France, ne rencontrent pas d'obstacles pour accéder à l'assurance (santé ou autre). Cibler – comme on dit en marketing – cette majorité place la relation assureur-assuré sous deux dimensions étrangères à notre vocation mutualiste originelle : l'individualisme consumériste et la rentabilité. Face à elles, la forme mutualiste n'a pas – de prime abord – d'avantage comparatif sur les autres formes assurantielles ; elle a même souvent des handicaps : lenteur de la gouvernance démocratique, difficultés à lever des capitaux, etc.

Une mutuelle n'a, pour moi, d'utilité spécifique que si elle appréhende des difficultés laissées de côté par les autres acteurs. Par exemple, en matière de santé, l'accès à des prises en charge pour des personnes qui, sans elle, en seraient exclues, l'accompagnement de ses adhérents en difficulté au-delà des prestations contractuelles, la limitation et la prévention des situations individuelles qui requièrent le recours à ces prestations, la modification des conditions sociales qui génèrent les recours à celles-ci, la solidarité économique de ses adhérents dans les prises en charge, la proposition d'engagements d'entraide, etc.

Toutes ces questions dépassent en réalité notre mission mutualiste. Elles interrogent la conception républicaine de la solidarité nationale et devraient, par exemple, être au cœur de toutes les propositions pour réformer le système de santé.

CHAPITRE 6
Notre système de santé est-il réformable ?

La crise du système de santé français est tellement profonde qu'elle mérite que l'on s'y attarde quelques instants pour mettre à l'épreuve les thématiques qui pourraient être portées par des mutualistes. L'organisation du système de santé, le rapport des patients aux soignants et des professionnels de santé entre eux ont trouvé des réponses diverses dans le monde : celles-ci ne sont pas tombées du sommet d'un État ni n'ont surgi du marché par le miracle de la rationalité ou de l'irrationalité de l'un ou de l'autre. L'organisation d'un système de santé, dans quelque pays que ce soit, est le fruit d'une histoire et l'héritière de choix politiques dictés notamment (mais sans doute pas seulement) par les tensions et les rapports de force entre parties prenantes.

Le poids des chiffres

Pour ne prendre qu'un exemple, la prégnance actuelle du pilotage des hôpitaux par les budgets et les indicateurs de performance ne découle pas d'une rationalité immanente des tableaux de bord. Dans un ouvrage éclairant, Alain Supiot décode cette illusion du « tout en chiffres » et démontre que celle-ci s'est construite au fil des décennies dans l'affrontement de différentes conceptions de la démocratie sociale[5].

5. Alain Supiot, *La Gouvernance par les nombres*, Fayard/Pluriel, 2020.

S'il n'y a pas d'immanence, la définition des indicateurs de performance du système de santé peut et doit faire l'objet d'un débat public. La crise de l'hôpital le démontre, s'il en était besoin. Les normes de bonne santé et de bon soin diffèrent selon les époques, les régions du monde et les cultures. Ainsi, la prise en compte de la douleur est relativement récente dans nos sociétés, les médecines orientales abordent des dimensions que nous voulons ignorer en Occident, les interactions entre le physique et le psychique, longtemps ignorées, sont aujourd'hui réévaluées... Une grandeur unidimensionnelle mesurée par le marché (valeur d'échange) ne peut pas rendre compte de la complexité de l'acte de soin ; elle peut même souligner le pouvoir d'un acteur sur les patients, comme en témoigne le scandale des opiacés aux États-Unis, où les laboratoires ont poussé les plus fragiles à la consommation et donc à la dépendance à ces produits – initialement, des médicaments prescrits contre la douleur.

Ne peut-on concevoir que les nombres ne soient pas les seuls outils de mesure de la qualité d'une prise en charge ? Est-il aberrant de penser que leur abus dans le pilotage nie la relation singulière du patient avec sa santé et avec le professionnel qui le soigne ? Ne peut-on admettre que « soigner en moyenne » n'a pas grand sens quand on est confronté à un patient singulier ? La réponse selon laquelle le marché éviterait ces questionnements pour faire mieux que l'État est pour nous incompréhensible – au sens littéral du terme. Et d'ailleurs, « mieux soigner », ce serait quoi ? Comment apprécier ce « mieux » ? Quels critères retenir ?

Quels indicateurs de performance?

Nous pouvons convenir – tout en ayant conscience de leurs limites – que des mesures chiffrées de performance sont utiles, sinon nécessaires. Mais il importe d'interroger leur signification. Supposons par exemple qu'après un débat démocratique (nous verrons plus loin ce que cette expression signifie pour nous) la nation ait déterminé qu'un indicateur pertinent de l'efficacité comparée des systèmes de santé soit l'augmentation de l'espérance de vie de la population. Quel regard porter sur cet indicateur? Naturellement, un mutualiste engagé chaussera ses lunettes solidaires pour remarquer que, selon l'Insee, «les hommes cadres vivent en moyenne six ans de plus que les ouvriers dans les conditions de mortalité 2009-2013»; cet écart ne diminue plus depuis 1970. Toutefois, constater la permanence de cet écart pour simplement dénoncer les inégalités dont il témoigne n'est pas suffisant: cette donnée chiffrée ne doit-elle pas être un guide pour l'action? Serait-il impossible, à partir de ce constat, de faire travailler en coopération les acteurs de la solidarité, les professionnels de santé, les spécialistes de santé publique, l'État et le secteur privé?

Pour convaincre les uns et les autres de s'engager, il devrait suffire de rappeler cette évidence «mathématique»: améliorer l'espérance de vie des populations les plus nombreuses (les CSP- en l'occurrence) fera évoluer plus significativement la moyenne que si l'on augmente celle des plus aisés, qui sont minoritaires. Pourtant ce raisonnement rationnel ne suffit manifestement pas. Les freins qu'il rencontre méritent eux aussi analyse.

Premièrement, dans notre pays – comme à peu près partout dans le monde –, ce sont les CSP+ qui pilotent à la fois l'action publique et l'action privée sur la santé. Quels que soient leur bonne volonté, leur empathie ou leur professionnalisme, ces pilotes sont étrangers au vécu des populations les plus fragiles. Or on découvre aujourd'hui – par exemple au travers des patients experts – que la prise en compte de l'expérience sensible des bénéficiaires améliore significativement l'efficacité des réponses. Ceci impose, à nos yeux, de réinventer avec eux des parcours de santé accessibles au plus grand nombre.

Deuxièmement, donner la priorité aux CSP- implique d'arbitrer en leur faveur sur les moyens alloués. Sachant que leur capacité contributive est limitée, la question du financement de ces moyens rejoint – comme en 1945, mais dans un contexte différent – celle des objectifs de notre protection et de notre sécurité sociales, aujourd'hui largement focalisés sur les équilibres budgétaires.

Troisièmement, des écoles de pensée de plus en plus actives renvoient certaines questions de santé à la responsabilité individuelle des citoyens. Cette tendance est illustrée par le développement de ce qu'il est commun d'appeler la « prévention comportementale », dont le raisonnement est le suivant : si les gens ne veulent pas faire attention à ce qu'ils mangent, fument ou boivent, après tout, pourquoi les plaindrait-on ? Et on ne voit pas pourquoi on les aiderait, ni même pourquoi on les soignerait gratuitement… Évidemment, ce raisonnement ne peut nous satisfaire. Pour n'évoquer que l'obésité, avant de renvoyer les personnes concernées à leur hygiène alimentaire, ne faut-il pas s'assurer que tous les autres facteurs (génétiques, par exemple) ont bien été dépistés ? Si dépistage il y a, s'est-il concentré sur les populations où la prévalence est la plus forte ? Ne faut-il pas également s'assurer que l'accès à des produits alimentaires à faible teneur en sucre et à haute valeur nutritive, par exemple, est égal pour tous ? Ne faut-il pas travailler à ce que l'information sur les risques de telle ou telle habitude alimentaire parvienne à toutes les catégories de consommateurs ? Le renvoi à la responsabilisation individuelle n'est socialement acceptable que si tout a été fait, par ailleurs, pour traiter les causes collectives des inégalités d'accès à la santé.

Supposons maintenant qu'en dépit de tous ces freins soit enfin reconnue la priorité à l'augmentation de l'espérance de vie des catégories socioprofessionnelles inférieures. Il faut alors mobiliser les savoirs disponibles – voire engager des recherches – pour identifier les leviers d'action. Nous savons depuis les hygiénistes du XIXe siècle que l'amélioration des conditions de vie – logement, conditions de travail, environnement... – a plus d'influence sur l'espérance de vie que les progrès de la médecine. On mesure l'ampleur des problèmes qui se posent aux acteurs économiques concernés. Peut-on espérer que le calcul d'utilité (ou la bienveillance) d'un industriel ou d'un bailleur suffise à le pousser à financer la recherche sur les dégâts de l'amiante, par exemple ? Peut-on espérer qu'une fois ces dégâts documentés ce même industriel revoie ses modes de production et que ce bailleur rénove totalement ses immeubles sans injonctions externes ? À propos de ces injonctions, relevons que la pression des scientifiques n'est efficace que si leurs mises en garde sont portées à la connaissance des populations. Mais qui organise l'égale diffusion de cette information, dont il faut rappeler que, pour les libéraux, elle est la condition d'un marché efficient ?

La pandémie de covid-19 fournit une autre illustration des inégalités sanitaires. Elle nous rappelle brutalement que certaines catégories de population sont plus exposées que d'autres à des crises de santé publique externes à leur condition : à New York ou dans certains départements de l'Île-de-France, il est patent que les zones les plus défavorisées ont été les plus frappées. C'était déjà le cas pour la peste et, plus près de nous, pour la rougeole. De ce fait, les obligations de vaccination comme de confinement sont non seulement des actes sanitaires, mais également des témoignages de solidarité.

Le développement de politiques de santé publique qui s'attaquent à ces inégalités profite à l'ensemble des citoyens : en limitant les pandémies, en réduisant les coûts du système de santé, mais aussi parce que nul ne peut savoir s'il ne sera pas un jour concerné. C'est toute la mission de la protection sociale universelle : organiser les solidarités collectives, choisies et conçues démocratiquement, indispensables à la cohésion de la société.

Par conséquent, peut-on imaginer que les seuls leviers d'action soient des incitations non contraignantes en direction d'acteurs privés spontanément régulés par la loi de l'offre et de la demande ? Peut-on se contenter d'espérer une bienveillance philanthropique de la part des plus riches ? Évidemment, l'État est l'un des acteurs incontournables. Mais il ne doit être qu'un instrument au service de politiques décidées collectivement. Or, aujourd'hui, la démocratie représentative censée le piloter et le contrôler semble avoir atteint ses limites ; tout comme elle semble impuissante à contrôler les grands groupes privés mondialisés.

Dynamiques collectives

Ainsi, de nouvelles formes de démocratie sont à inventer pour embarquer l'ensemble de la société en évitant que certains monopolisent la parole. Mais les institutions et les lieux de cette démocratie, externes à l'État et au marché, restent en grande partie à réinventer.

En matière de santé – mais ceci vaut pour bon nombre d'autres domaines –, cette réinvention aurait plusieurs vertus. Elle permettrait de faire émerger des besoins et des situations que les normes étatiques et les échanges marchands ignorent. Elle éviterait les tentations technocratiques de soigner seulement «en moyenne». Elle favoriserait l'éducation des populations par la discussion – et nous réaffirmons qu'en matière de santé cette éducation est primordiale. Elle permettrait de dégager des consensus qui concourraient à l'acceptabilité des décisions (comme en Irlande, où des révisions constitutionnelles sont réalisées à la suite de conventions citoyennes) et donc à leur applicabilité. Enfin, cette démarche «ferait société» en suscitant des dynamiques collectives actives porteuses de bénéfices au-delà de leur objet[6].

En conclusion, l'exigence – philosophique, scientifique et démocratique – dans l'approche des questions de santé est applicable à d'autres domaines, dont certains sont évoqués ci-dessus: le rapport à la nourriture et donc à l'agriculture, la consommation de biens, les services aux personnes, l'éducation, la mobilité, le logement, etc. Ouvrir collectivement ces questionnements est la condition d'une revitalisation de la démocratie et du vivre-ensemble. Il est selon nous utopique et irresponsable de se réfugier derrière la magie du marché pour les évacuer.

Nous ne prétendons pas que nos réponses sont les seules possibles. En revanche, nous affirmons que les questionnements qui les suscitent sont incontournables. Nous ne prétendons pas non plus avoir soulevé toutes les questions, loin de

6. Sur ce thème, on pourra utilement se reporter aux travaux de Jean-Louis Laville sur les associations. Voir notamment Jean-Louis Laville et Renaud Sainsaulieu, *L'Association. Sociologie et économie*, Fayard/Pluriel, 2013.

là. Pour n'en prendre qu'une seule que le coronavirus a mise en évidence : comment se fait-il que le marché de l'emploi valorise cent, deux cents ou trois cents fois plus le métier d'un trader que celui d'une aide-soignante ? La question de la reconnaissance de l'utilité sociale des professions de soin n'a pas trouvé de réponse à ce jour.

Une mutuelle ne peut pas faire l'économie du débat démocratique sur son engagement à activer de telles réflexions. Toute la question est de savoir avec quelles armes conceptuelles. Pour mesurer la portée de cette interrogation, j'ai tenté de confronter une approche mutualiste avec le nouveau concept *mainstream* de bienveillance : le *care*.

CHAPITRE 7
Le *care*: vrai ou faux ami des mutualistes?

Le *care* – éthique de la sollicitude, concept venu des États-Unis – serait-il le dernier avatar des ersatz de mutualisme ? Le mutualisme peut-il se réinventer avec le *care* ? Pour répondre à ces questions, je me suis engagé dans une valse à quatre temps.

Premier temps de la valse: *mea culpa* !

Cette idée du *care* m'a toujours hérissé, peut-être sous l'effet de séquelles d'antiaméricanisme primaire. J'avoue aussi que, jusque-là, je n'avais pas vraiment cherché à comprendre pourquoi. Je me suis donc livré à un bref exercice d'introspection qui a très vite abouti à cette conclusion: je n'aime pas le *care* parce que je n'aime pas cette idée que l'on prenne soin de moi comme si j'étais un enfant. Mon besoin viscéral de liberté, ce refus maladif de dépendre de qui que ce soit, cet orgueil de penser que je ne dois rien à d'autres et tout à moi-même expliquent en grande partie ce rejet instinctif. Mais de là à me colleter politiquement avec le concept, il y a un pas que je n'avais jamais franchi.

En allant au plus court, je m'étais dit jusqu'ici que le concept même de *care* allait à l'encontre de ce que devait être un projet mutualiste: parce qu'un projet mutualiste, c'est – ce devrait être – un projet d'émancipation collective et individuelle. En effet, si la protection mutuelle et la sécurité individuelle sont pour nous la condition d'une véritable émancipation, elles ne sont pas des fins en soi ; leur prise en charge n'épuise pas le projet mutualiste, notamment parce que celui-ci suppose d'agir sur les conditions qui entravent l'émancipation. Évidemment, cette ambition dépasse de beaucoup l'attention et le soin que l'on peut porter à l'autre et se nourrit de combats plus globaux que le seul accès aux soins : contestation de la soumission dans le travail, dénonciation de la captation de l'idéal démocratique par des représentants qui, sociologiquement, nous représentent de moins en moins, interpellation de la toute-puissance arrogante d'un État techno-scientiste, etc. Bref, l'idée que je me faisais du *care* ne correspondait pas à ma conception du projet mutualiste.

Une autre motivation, moins noble, m'a aiguillonné. J'ai vu passer une première vague – et je crains une deuxième – de prises de position de dirigeants mutualistes qui font du *care* la nouvelle mission des mutuelles. Comme si nous n'avions pas assez à puiser dans notre histoire, nos pratiques et nos débats pour questionner nos façons d'être utiles aux gens et à la société, comme si nous devions chercher chez les Anglo-Saxons de quoi penser autrement... Relocalisons nos prêts-à-penser ! Cette injonction suffira-t-elle à vaincre le virus du *care* ? J'en doute.

Enfin, un remords épistémologique (c'est un grand mot) m'a poussé à m'interroger : et si j'étais injuste avec le *care* ? Si j'étais de parti pris ? Serais-je alors cohérent avec la posture de cet ouvrage de promouvoir le débat, la confrontation d'idées ? Évidemment non ! Alors *mea culpa*...

Deuxième temps de la valse: la confrontation

Pour aller au plus court, j'ai commencé par Wikipédia: l'article *ad hoc* est intitulé «Éthique de la sollicitude». On y trouve cette définition, empruntée au dictionnaire *Anthropen*: «Le *care* désigne l'ensemble des gestes et des paroles essentiels visant le maintien de la vie et de la dignité des personnes, bien au-delà des seuls soins de santé. Il renvoie autant à la disposition des individus – la sollicitude, l'attention à autrui – qu'aux activités de soin – laver, panser, réconforter, etc. –, en prenant en compte à la fois la personne qui aide et celle qui reçoit cette aide, ainsi que le contexte social et économique dans lequel se noue cette relation[7].» Cette explication est complétée par le développement suivant: «Le domaine des activités correspondant au *care* n'est évidemment pas nouveau, mais sa conceptualisation par les regards croisés des psychologues, sociologues, philosophes ou professeurs de sciences politiques et sa valorisation dans l'univers politique sont un phénomène plus récent. L'énoncé d'une nouvelle formulation des liens d'interdépendance et de *caring* existant entre les individus invite à une nouvelle manière d'objectiver l'organisation de la société.»

Avec ces quelques idées, pas d'opposition de fond. Mais rien de vraiment neuf pour un mutualiste émérite. Qu'est-ce que cela ajouterait d'importer le *care* dans un discours mutualiste? Est-ce que cela ne signifierait pas, tout simplement, que nous serions contraints de surfer sur les mots des autres pour espérer être audibles? Si c'était le cas, ce serait tout simplement triste et révélateur de l'état d'incapacité du mouvement mutualiste à faire vivre les mots qui désignent ses

7. Éric Gagnon, «Care», *Anthropen*, 2016.

valeurs : solidarité, engagement, démocratie, proximité… et tout simplement mutualité.

Cependant, après l'effort d'auto-conviction que j'avais fourni pour me lancer sur la piste avec le *care*, je ne pouvais pas me contenter de cette facile échappatoire. J'aurais aimé une confrontation plus dure. À la lecture de cet article, il m'a semblé que la « société du soin » se construisait sur l'idée d'une attention à l'autre en situation de vulnérabilité ou de dépendance. Là, je retrouvais mon irritation épidermique et cette idée que le projet mutualiste ne peut pas être simplement réparateur de dégâts. Alors, j'ai quitté Wikipédia pour aller voir du côté de l'*Encyclopædia Universalis*[8]. J'y ai trouvé, comme première tête de chapitre, « L'humain comme vulnérable ». Je ne m'étais pas trompé : l'éthique du *care* porte donc bien une vision de l'être humain, et cette vision est qu'il est vulnérable.

D'emblée, j'étais sur mes gardes : essentialiser une seule dimension de l'humain pour en tirer des principes d'action et des jugements sur ces actions me semble un peu court. Pour moi, l'humain est complexe, contradictoire, historique, culturel, animal, engagé, désirant, soignant, soigné, discutant, débattant, votant, dirigeant, obéissant, consommant, commerçant, travaillant, créant. Individualiste et empathique. La société n'est évidemment pas la somme de ces existences complexes, précisément impossibles à agréger. Elle dépasse les individualités, elle les réunit. Le mutualisme rejette l'individualisme comme principe organisateur. Tirer un seul fil pour « faire humain » ou « société » est une aberration.

Toutefois, quand il nous explique comment tirer ce fil, le *care* trouve des mots et des accents convaincants. Je cite l'article de Sandra Laugier : « [Le *care*] cherche à

8. Sandra Laugier, « Care », *Encyclopædia Universalis*.

donner une réponse pratique à des besoins spécifiques qui sont toujours ceux d'autres singuliers (qu'ils soient proches ou non). » Cette idée d'écouter les besoins spécifiques et de leur apporter une réponse concrète est en phase avec l'histoire de la mutualité. Est-il possible de faire alliance avec le *care* sur ce terrain ? Sans doute, mais la mutualité peut-elle s'en tenir là ?

En ne s'intéressant qu'aux besoins individuels, le *care* rate plusieurs cibles qui nous intéressent : le changement des conditions qui créent les oppressions systémiques, les souffrances massives et les aliénations collectives ; la nécessité de l'action collective pour changer ces conditions ; l'organisation performative de la sollicitude (les modalités de l'action pour répondre aux besoins doivent porter en elles-mêmes une partie de la solution) ; l'émergence de droits sociaux collectifs à l'aune desquels, collectivement, nous pourrons questionner, orienter et mettre en œuvre des politiques publiques, c'est-à-dire faire société, citoyenneté.

Pour illustrer le propos, reprenons une vieille idée : « Si tu donnes un poisson à celui qui a faim, il mangera un jour. Si tu lui apprends à pêcher, il mangera tous les jours. » Mais nous ajoutons : « Si tu pêches avec tes voisins, tu pourras les aider et tu mangeras mieux en diversifiant les ressources auxquelles tu auras accès. Et enfin, si tes voisins et toi vous vous organisez pour que les besoins des uns et des autres deviennent les besoins de tous, alors vous serez rejoints par tous ceux que vous aurez laissés de côté au début. »

De ce point de vue, si le *care* n'est pas mon ennemi, il semble être un allié de peu de poids. La crise mondiale du covid-19 le démontre : la sollicitude individuelle ne suffit pas.

Troisième temps de la valse : à l'écoute

Mais un allié, cela se respecte. Surtout quand, dans une économie capitaliste mondialisée, on n'en a pas beaucoup. Peut-être pourrais-je écouter un peu plus attentivement ce que le *care* nous dit, à nous mutualistes, sûrs de nous, forts de notre histoire et de nos millions d'adhérents ?

Ce que le *care* nous dit, si on l'écoute vraiment, est cruel. Tout d'abord, ses métiers sont largement exercés par des femmes : même si nous le savions déjà, nous l'avons observé de façon très concrète pendant la crise sanitaire, qui a mis en lumière l'indispensabilité des métiers du soin. Les photos des congressistes mutualistes – majoritairement des mâles blancs – nous donnent à penser que nous sommes hors sujet.

Corrélativement, l'éthique du *care* percute une conception normative de la justice, hétéronome aux besoins réels des personnes et à leurs singularités. Je cite à nouveau l'article de Sandra Laugier dans l'*Encyclopædia Universalis* : « La notion de *care*, recouvrant à la fois des activités très pratiques et des sentiments ou une sensibilité, une attention soutenue à l'égard d'autrui et un sens des responsabilités, rompt avec la responsabilité telle que l'entendent les théories impartialistes de la justice. » Cette phrase pourrait utilement servir d'introduction à une réflexion sur l'engagement mutualiste de terrain.

Bien entendu, nous devons garder à l'esprit, comme l'écrit Sandra Laugier, que « les deux orientations morales différentes que sont la justice et le *care* doivent être conjuguées pour parvenir à une justice réaliste ». En matière d'action collective, il y aurait beaucoup à dire sur la dimension morale. Mais passons : on ne repousse pas un allié de bonne volonté quand l'ennemi est le capitalisme cynique. Et cet allié, en fin d'article, vient m'expliquer que le roi mutualiste est nu. Je cite : « La division sociale – et aujourd'hui mondiale – du travail de *care* risque de donner l'illusion que l'on peut distinguer aisément un *care* "émotionnel" – attentif aux besoins affectifs des personnes particulières – et un *care* "de service" qui peut être délégué et acheté. Le premier serait alors l'apanage des femmes blanches favorisées tandis que le second resterait délimité par tout ce que les premières ne prennent pas en charge, en résumé "le sale boulot" qui revient aux "autres". »

En transposant l'analogie et en la renversant pour l'appliquer à l'univers mutualiste, on pourrait imaginer un *care* émotionnel qui renverrait aux bénévoles de terrain et un *care* business – celui qui compte et qui est compté dans le bilan – qui relèverait des professionnels salariés ou des seuls élus « *fit and proper*[9] », comme on dit dans le métier. Cruelle lucidité !

Mais le *care* n'en a pas fini, il ne me lâche pas. Sandra Laugier cite Joan Tronto, professeure de sciences politiques états-unienne : « Pour qu'elle soit créée et poursuivie, une éthique du *care* s'appuie sur l'impératif politique qui consiste à conférer une valeur au *care* et à reconfigurer les institutions en fonction de cette valorisation. » Et la chercheuse conclut en faisant écho cette fois aux thèses de la philosophe américaine Carol Gilligan : « Les éthiques dominantes de tonalité libérale sont le produit et l'expression d'une pratique sociale qui dévalorise l'attitude et le travail de *care*, qui ne veut pas le voir ni trop en entendre parler. » Avant de poursuivre de manière singulièrement lumineuse (c'est moi qui souligne) : « L'éthique du care donne à *des questions ordinaires la force et la pertinence nécessaires pour examiner de façon critique nos*

9. « Compétents et honorables » (*sic*).

jugements moraux et notre hiérarchie spontanée des activités humaines. D'où son actualité à la fois morale et politique. »

Fin de la danse : merci le *care*

Même si je reste convaincu que le *care* – parce qu'il rate en grande partie la cible collective – ne peut tenir lieu de raison d'être mutualiste, je ne résiste pas à l'envie de rendre hommage à sa lucidité en paraphrasant la conclusion de l'article ci-dessus d'un point de vue mutualiste : « Les éthiques dominantes de tonalité libérale sont le produit et l'expression d'une pratique sociale qui dévalorise l'engagement solidaire et la pratique démocratique, qui ne veut pas les voir et les comptabiliser au crédit des acteurs concernés. Le *mutualisme* donne à la résolution de problèmes ordinaires la force et la pertinence nécessaires pour examiner de façon critique les critères dominants de performance des entreprises et leurs hiérarchies des priorités. D'où son actualité à la fois existentielle et politique. »

CHAPITRE 8
Peut-on mesurer l'utilité mutualiste ?

Quel que soit l'assureur, son obligation économique est de garantir, sur la durée, le paiement des prestations. Mais, comme nous l'avons dit plus haut, les obligations d'une mutuelle sont bien plus étendues et ces extensions n'ont que peu à voir avec des appréciations comptables, prudentielles ou strictement consuméristes.

Comment les évaluer ? Avant toute chose, il faut avoir à l'esprit qu'au-delà des tensions entre développement et utilité, entre utilité et rentabilité, les tiraillements entre les devoirs spécifiquement mutualistes sont multiples. Pour n'en citer que quelques-uns, ultra-classiques : jusqu'où et comment doit s'exercer la solidarité entre adhérents, notamment au profit des imprévoyants ou des impécunieux ? Jusqu'où dépenser l'argent des adhérents actuels pour en chercher de nouveaux ? Ou pour aider à transformer les situations qui génèrent des difficultés auxquelles certains d'entre eux ne sont pas exposés ? Comme déjà évoqué, l'omerta sur ces questions se conclut toujours au profit de l'utilité la moins coûteuse ou la plus rentable.

Les différentes dimensions de l'utilité mutualiste sont indissociables. Il n'est pas concevable de les mettre en concurrence : elles se nourrissent les unes des autres et n'ont de sens que si elles font système. L'élucidation collective de ces tensions, des alternatives possibles et des critères qui hiérarchisent les réponses fait partie intégrante de la démocratie mutualiste : elle n'en est pas un préalable, elle en est la substance.

Cet effort de mise en lumière et en débat doit sans cesse être remis sur le métier : par exemple, quand la réglementation entre en contradiction avec les réponses apportées jusqu'alors, ou quand la concurrence remet en cause les équilibres précédents. Mais aussi, et surtout, quand l'évolution des besoins des adhérents et des conditions sociales qui les génèrent impose de repenser l'utilité des offres et des accompagnements.

Faute d'un tel travail, et faute d'en affronter les exigences, les enjeux et les critères imposés par l'extérieur (concurrents, régulateurs, État, consommateurs...) occupent l'espace laissé libre. Il suffit de lire les ordres du jour des conseils d'administration de bon nombre de mutuelles pour constater que les enjeux proprement mutualistes en sont largement absents. Les retrouver et les reformuler est donc essentiel. La question de la mesure de l'utilité spécifique mutualiste ne peut être résolue sans cela. Une fois ce travail effectué, le « quoi mesurer ? » devient plus évident. Ou, à tout le moins, les termes de la question sont posés. Et, là comme ailleurs, une question bien formulée est un problème à moitié résolu.

La reformulation des enjeux de la mutuelle dans des termes mutualistes est un préalable à l'affirmation de sa nécessité. Mais cela suffit-il à justifier le principe d'un pilotage de nos mutuelles par les valeurs ?

CHAPITRE 9
Les valeurs mutualistes sont-elles nécessaires ?

Jusqu'ici, en réalité, j'ai contourné le cœur du sujet : que signifie le mot « valeurs » ? Comment fait-on (et faut-il faire) la distinction entre une valeur, un devoir et une contrainte ? Sur quelles valeurs s'appuyer parmi la douzaine revendiquée par l'une ou l'autre mutuelle ? Y en a-t-il d'incontournables ? Et, enfin, une dernière question, qui m'est apparue au fil des échanges que j'ai pu avoir avec des passionnés du sujet : une valeur mérite-t-elle d'être mise en œuvre pour elle-même ?

Esquivant à nouveau les premières questions, je ne vais pour l'instant traiter que la dernière, à l'appui de quelques interrogations soulevées par les quatre valeurs que l'on retrouve peu ou prou dans toutes les proclamations des mutuelles relevant du Code de la mutualité : démocratie, solidarité, engagement, proximité.

Si nous nous extrayons de notre univers mutualiste, nous pouvons facilement observer que ces quatre valeurs sont (avec d'autres) au centre des débats sur « comment faire société ? ». Elles sont ainsi chargées d'une forte dimension symbolique, sociologique et politique. Les revendiquer pour nous qualifier nous impose, à ce titre, des devoirs qui dépassent les seules modalités d'exercice de nos activités. Et le premier devoir, le plus basique, est de les incarner dans le pilotage de nos mutuelles. Leur énonciation nous contraint à l'action – ou alors ne les utilisons pas ! Mais il me semble que la mutualité doit beaucoup plus à ces valeurs que de les vivre comme des obligations.

À ce propos, il faut faire référence à la présentation de la mutualité, par tous les dirigeants successifs de la FNMF, comme un « mouvement social ». Que signifie aujourd'hui cette formulation ? Pour moi, et sans creuser plus avant (j'y reviendrai), se revendiquer « mouvement social », c'est affirmer que l'horizon de l'action mutualiste dépasse les seuls terrains de nos activités assurantielles (santé, prévoyance, retraite, etc.), même élargies à leurs finalités (accès aux soins, protection contre les aléas de la vie, etc.), pour œuvrer collectivement à la transformation du monde. Je conçois que cette perception ne soit pas partagée. Mais esquiver le débat, ou ne pas le trancher, c'est s'interdire une mise au clair sur la portée des valeurs dont nous nous revendiquons.

Personnellement, je me suis engagé en mutualité sur la base de cette conception élargie. Qu'impose-t-elle lorsque l'on invoque les valeurs ? L'horizon mutualiste de la défense des valeurs, c'est de reconnaître celles-ci « pour elles-mêmes », et pas seulement comme guides de nos actions. Reprenons un des postulats de la première partie de cet ouvrage : nous devons incarner la démocratie, la solidarité, l'engagement et la proximité non pas pour nous différencier, mais pour démontrer à l'ensemble de la société, par notre exemplarité, que « l'on vit mieux avec ». Cette obligation de démonstration n'est pas l'apanage de la seule mutualité, mais pour nous, au point de banalisation où nous sommes arrivés, il s'agit probablement d'une question de survie.

La proximité : de qui et de quoi ?

La philosophe Marion Genaivre, avec qui j'évoquais le sujet, m'a posé la question suivante : « La proximité est-elle une valeur ? » La proximité – géographique, professionnelle ou de destin – n'est que la constatation objective de similitudes de situations ou de ressentis. Mais ce sont précisément ces similitudes qui ont conduit, par une démarche volontariste, des personnes à se regrouper au sein de mutuelles pour régler des problèmes communs : coût des obsèques, accès à la santé...

Aujourd'hui, ces proximités sont « liquides » – pour reprendre un concept du sociologue Zygmunt Bauman –, c'est-à-dire mobiles, changeantes, et donc la motivation pour mutualiser perd son objet ou se défait au fil du temps. De surcroît, concernant la santé (cœur de métier des structures relevant du Code de la mutualité), pour les salariés du privé (et demain de la fonction publique), le choix de l'organisme complémentaire est imposé par leur entreprise : la volonté individuelle n'est plus à l'œuvre. Dans un grand nombre de cas, désormais, la proximité n'est donc plus le déclencheur de l'adhésion à une mutuelle. Est-elle alors toujours une valeur mutualiste ?

Cette interrogation n'est pas de pure forme. Dans une société qui déplore la perte du lien social, passer la proximité par pertes et profits sans autre discussion ne va pas de soi. Surtout lorsque l'on se revendique « mouvement social ». Si la proximité est reconnue comme une valeur en soi, il est *a priori* dans la raison d'être mutualiste de la faire renaître, en lui réinventant un contenu à partir de ce que nous sommes – c'est-à-dire des métiers que nous exerçons, des relations que nous entretenons avec nos adhérents, des moments durant lesquels notre proximité avec eux trouve à se concrétiser...

Évidemment, il ne suffit pas pour cela de maintenir ou de délocaliser en région tel ou tel pan d'activité.

L'engagement : quel engagement ?

À divers titres, j'ai participé à de multiples travaux et réflexions dans l'univers mutualiste sur la question de l'engagement. Un des biais criants qui polluent les échanges, dans nombre de cas, est la confusion entre « engagement mutualiste », visant à aider les adhérents en difficulté, et « engagement au profit de la mutuelle », visant à faire vivre la structure. Traiter du second sujet avant le premier, c'est mettre la charrue avant les bœufs et passer à côté de ce qui fait l'essence de la solidarité mutualiste. Par ailleurs, par référence à la dimension « mouvement social », l'engagement mutualiste peut également comporter une dimension militante au bénéfice de la transformation des conditions socio-économiques et environnementales qui génèrent les difficultés rencontrées par les populations, au-delà des adhérents.

Si une mutuelle juge – et là encore le débat démocratique est essentiel – que ces trois (ou l'une de ces trois) formes d'engagement (mutualiste, au profit de la mutuelle et militant) sont l'horizon de cette valeur, alors il lui appartient de faire émerger des projets collectifs où elles trouveront à s'exprimer.

Dans cette perspective, nous sommes loin du seul engagement au profit de la mutuelle, et singulièrement de l'engagement dans ses instances de gouvernance. Bien évidemment, celui-ci n'exclut pas les deux autres. C'est même parmi les plus engagés au profit des autres ou de la transformation sociale que nous trouverons ceux qui accepteront – et pour moi « mériteront » – de s'engager au profit de la mutuelle. Hier, c'était une évidence pour les militants mutualistes ; l'est-ce encore aujourd'hui ? La question mérite d'être posée et nous, dirigeants mutualistes, devons fournir un effort pour remettre en discussion nos propositions d'engagement. Ce ne sera pas facile car qui, aujourd'hui, parmi nos adhérents, se définit comme mutualiste du simple fait qu'il est couvert en termes de santé, auto, prévoyance, retraite, etc. par une mutuelle ?

Je ne partage pas l'opinion selon laquelle les jeunes générations ne s'engagent plus, mais il est clair que les formes d'engagement que nous leur proposons ne leur parlent plus. Pour autant, cette bataille est-elle perdue ? Je suis convaincu que, si nous gagnons celle de la réinvention des proximités, alors celle de l'engagement suivra assez naturellement. Mais cela suppose également d'ouvrir ou de rouvrir des espaces d'interventions sociétales bien au-delà du business et des contraintes actuarielles, réglementaires et concurrentielles, en questionnant par exemple les liens entre santé et conditions de travail, environnement, logement, etc. Cela implique aussi d'offrir un véritable choix : l'engagement ne s'impose pas, il nous appartient seulement de le rendre désirable.

Nous sommes donc, comme pour la proximité, face à un défi majeur. Ces deux valeurs sont toujours – et peut-être de plus en plus – actives dans la société. Si nous ne faisons rien pour elles et avec elles, elles existeront sans nous – et nous n'existerons plus avec elles et pour elles.

La solidarité : avec qui et pour quoi ?

La solidarité est une notion extrêmement riche, complexe, polysémique, et mériterait l'intervention de philosophes, de sociologues et d'économistes pour être correctement définie. Elle a pu être synthétisée dans le mouvement mutualiste par la phrase suivante: «Chacun cotise selon ses moyens et bénéficie selon ses besoins.»

Pour de multiples raisons (abondamment discutées au sein du mouvement mutualiste), cette affirmation a été largement battue en brèche. À tel point qu'aujourd'hui la frontière conceptuelle entre mutualisation actuarielle du risque (par la loi des grands nombres et la réduction des écarts-types statistiques) et solidarité mutualiste (qui traite chacun dans son individualité) est de plus en plus confuse, notamment pour les générations qui n'ont pas vécu la période où la phrase ci-dessus était incarnée dans nos tarifications et notre absence de sélection médicale. Mais, au risque d'être accusé de provocation gratuite, je pose cette question: l'impossibilité (concurrentielle) de tenir la position qui ne distingue pas les tarifs selon le niveau de risque des populations n'est-elle pas une chance? La chance de nous interroger à nouveau sur notre contribution à la solidarité dans un monde qui nous pousse à la mettre de côté.

À ce stade, je me limiterai (mais j'y reviendrai plus loin) à observer que nos obligations de proximité et d'engagement, telles qu'esquissées ci-dessus, nous donnent quelques clés pour proposer de nouvelles formes de solidarité. La difficulté qui se présente alors est la suivante: comment faire le lien entre ces solidarités militantes et l'activité assurantielle de nos mutuelles? Comment retisser des liens visibles, incontournables, naturels entre nos activités de Livre III (les services de soins, par exemple) et de Livre II (assurantielles), distendues depuis la réforme du début des années 2000 imposant de les séparer, qui donnaient corps à cette ambition que notre raison d'être dépasse l'assurance.

Comment éviter que les systèmes de solidarité institutionnels existants dans nos mutuelles (fonds d'action sociale, fonds d'entraide, fondations, etc.) ne soient relégués dans les marges du business et sans impact sur celui-ci ? Comment incarner la solidarité dans nos offres et dans la relation avec nos adhérents, quand la pression de la concurrence nous pousse à démutualiser les tarifs et à standardiser nos processus de gestion et de commercialisation ? Ces interrogations restent aujourd'hui largement sans réponse systémique.

Dans nos instances, ces thématiques ne sont plus aujourd'hui débattues, pour diverses raisons tenant à l'histoire de chaque organisme, mais dont au moins une nous est commune et parfaitement compréhensible : quand on dirige une entreprise, on ne peut pas passer son temps sur des questions existentielles sans réponses. C'est à la fois contre-productif et mortifère. Mais sommes-nous encore mutualistes si nous les évitons ?

La démocratie : angle mort de nos gouvernances ?

S'il est une valeur de nos sociétés occidentales qui se trouve en difficulté et mérite d'être âprement défendue, c'est bien la démocratie. S'il est une belle idée que nous n'avons pas le droit d'utiliser et de revendiquer sans tout mettre en œuvre pour la faire vivre, c'est bien celle-là. Autant nous pouvons nous interroger sur le sens de la proximité et de l'engagement mutualiste, sur le positionnement du curseur entre rentabilité et solidarité, autant nous ne pouvons pas laisser la question de la démocratie en jachère.

En cette période – comme d'ailleurs à beaucoup d'autres depuis le XIXe siècle –, vider ce mot de son sens en se l'appropriant sans l'incarner, c'est faire le lit d'aventures politiques dramatiques. Mais il faut avouer que nous sommes face un adversaire sérieux : le mythe de la bonne gouvernance. Du

« gouvernement » à la « gouvernance », le glissement sémantique masque un hold-up démocratique auquel nos mutuelles n'échappent pas. Il évacue toute idée de contradiction et de lutte sociale au profit de « bonnes pratiques » destinées à protéger les intérêts des parties prenantes – mais en écartant ce qui fonde les principes de la démocratie représentative.

Dans la revue *Quaderni*, la politologue Corinne Gobin remarque : « Par le développement de la gouvernance, on assiste à l'échelon mondial à la restauration d'un ordre politique plus proche dans sa nature des valeurs philosophiques de l'Ancien Régime, qui [...] aboutit à stabiliser un système capitaliste qui se purifie progressivement des scories des réformes démocratiques qui lui furent imposées par les luttes politiques et sociales[10]. » Dans nos métiers et nos pratiques mutualistes, nous sommes confrontés directement à cette évolution.

Rappelons tout d'abord que les acteurs de l'assurance sont encadrés par un dispositif de surveillance dit prudentiel, appelé Solvabilité 2. Ce système de normes est européen et il embrasse très large, puisqu'il concerne non seulement les équilibres financiers de tous les assureurs mais également le contrôle de leurs activités, leur mode de gouvernance et leurs communications aux tiers. Les autorités en charge de l'application de ces normes ont, quel que soit le pays, la même propension à déborder de ce cadre. L'éthique démocratique la plus élémentaire voudrait que ces autorités administratives s'en tiennent strictement aux prérogatives que la loi (donc les citoyens) leur a conférées et ce d'autant plus que celles-ci sont plus larges.

La popularité du terme « gouvernance » culmine avec Solvabilité 2, pour trois raisons au moins. D'abord, l'accumulation de rapports obligatoires : la codification tatillonne

10. Corinne Gobin, « Gouvernance », *Quaderni* n° 63, 2007.

des processus d'élaboration censés garantir la sincérité et l'exhaustivité de l'information livrée à de multiples parties prenantes engorge les ordres du jour des instances de nos mutuelles et prive les élus (représentants des adhérents) de légitimité au bénéfice d'un formalisme hypertrophié, scruté avec zèle par les régulateurs.

Ensuite, l'inflation de grands mots : « politiques », « fonctions clés », « appétence aux risques », « honorabilité »... Les régulateurs se sont emparés de concepts philosophico-politico-managériaux anciens pour asseoir la légitimité de leurs prescriptions. Prenons « politique » : ils ont transformé cet enjeu majeur de nos démocraties (le bon gouvernement de la cité) en injonctions formalistes souvent redondantes. La notion d'« appétence aux risques », quant à elle, nous propose un oxymore au sens douteux.

Enfin, juges des bonnes pratiques, propriétaires des grands mots, les régulateurs se vivent – de bonne foi – comme les seuls exégètes autorisés de la bonne gouvernance. Au total, ce qui, dans la fresque du peintre Ambrogio Lorenzetti à Sienne (*Allégorie et effets du bon et du mauvais gouvernement*), relevait du prince, ressortit désormais à la souveraine appréciation du commissaire-contrôleur prudentiel. Les instances d'appel que sont les collèges des autorités de contrôle se bornent à vérifier que ces contrôleurs n'abusent pas de leurs pouvoirs. Les textes eux-mêmes, bréviaires de ces commissaires, ont été élaborés par l'Union européenne hors de tout contrôle démocratique effectif, puisque leur technicité a interdit toute tentative de décorticage par les parlementaires, à supposer que ceux-ci en aient eu la tentation.

Mais à qui profite le crime ? À l'appareil d'État et à l'irrésistible tentation d'extension de son pouvoir technocratique. Irrésistible, mais pas pour tout le monde. Ainsi, parmi les politiques examinées très attentivement par les autorités de contrôle bancaires et assurantielles, on peut citer celle concernant la lutte contre le blanchiment et le financement du terrorisme (ce qui, en France, inclut l'évasion fiscale). Je ne doute pas un seul instant que les rapports réglementaires des grandes banques françaises soient, en la matière et à la lettre, conformes aux textes et que, de ce fait, ils satisfassent les attentes des contrôleurs. Et pourtant toutes ces banques (ou quasiment) ont des filiales dans des paradis fiscaux. À l'opposé, j'ai vécu l'exemple d'une petite mutuelle spécialisée qui a eu du mal à produire ces mêmes rapports alors que son activité était peu susceptible de favoriser l'évasion fiscale ; simplement, les moyens dont elle disposait pour satisfaire une réglementation formaliste étaient beaucoup plus limités.

L'oscillation tridimensionnelle entre contrôles scrupuleux de l'application des textes, d'une part, extension irrésistible de ces contrôles au-delà des intentions du législateur, d'autre part, et omerta sur les pratiques des puissants rappelle des situations qui ont conduit à la remise en cause brutale et dramatique, par des fascistes ou des populistes, des pouvoirs établis. Dans le cas qui nous occupe, la révolution pourrait aisément et utilement prendre une tournure positive : faire contrôler les contrôleurs par des représentants des citoyens et assurer la publicité des débats qui naîtraient de leurs échanges. Cet exercice démocratique pourrait avoir valeur d'exemple dans bien d'autres domaines. Nous, mutualistes, aurions tout à y gagner. Sans espérer une révolution utopique, à notre niveau mutualiste, nous avons l'ardente obligation de démontrer que la démocratie est possible, indispensable, et que nous faisons tout, là où nous sommes, pour la faire vivre.

Face à ce devoir impératif, j'ai fréquemment entendu deux excuses pour esquiver la discussion. La première argue du poids des contraintes externes (réglementations, concurrence, etc.) évoquées ci-dessus, qui déposséderaient les élus mutualistes du pouvoir de décision. Mais de quel pouvoir parle-t-on ? Celui de réinventer la proximité, de repenser la solidarité, de créer des territoires d'engagement ? Évidemment non. La seconde excuse invoque la difficulté de trouver des personnes prêtes à s'engager dans la gouvernance des mutuelles. C'est le serpent qui se mord la queue : déplorer sans réagir que les élus n'aient plus de pouvoir et, dans le même temps, se plaindre de ne trouver personne pour exercer un pouvoir qui n'existe plus me semble singulièrement masochiste.

Si nous affirmons que la raison d'être d'une mutuelle est plus large que l'assurance, que les enjeux associés ne sont pas de satisfaire aux réglementations, que nos conseils d'administration ont pour vocation première de décider comment être utiles malgré (ou avec) les contraintes externes, alors nous pouvons entrevoir toute la dimension de l'exigence démocratique. Nos débats dépasseront, comme les valeurs, nos seules activités mutualistes pour parler « à » et « de » l'ensemble de la société. N'est-ce pas plus motivant pour des futurs administrateurs que de voter des rapports réglementaires à la chaîne ?

Évidemment, pour faire démocratie, il n'est pas concevable de confiner durablement ces débats dans nos conseils d'administration. Nous devons les ouvrir à nos adhérents. Et bien au-delà. Pour cela, nous avons une opportunité historique : la progression dans la société de l'idée que la démocratie est à réinventer parce que sa forme représentative s'épuise.

CHAPITRE 10
Où sont passées toutes ces valeurs ?

J'ai rencontré de nombreuses personnes qui, découvrant notre univers, se disent très intéressées par les valeurs que nous portons. Mais elles ne comprennent pas pourquoi, quand elles nous approchent, l'incarnation de ces valeurs ne saute pas aux yeux. Bienveillantes, elles nous créditent de plusieurs excuses pour ce défaut d'incarnation. Aucune de celles-ci ne m'a convaincu. Passons-les en revue.

« Les mutualistes n'ont pas eu le temps de retravailler leurs valeurs face aux contraintes de toute nature qui leur sont tombées dessus ces dernières années. »

Je reviendrai sur certaines de ces contraintes qui, il est vrai, se sont multipliées depuis plus de vingt ans. Mais je voudrais immédiatement faire observer que, dans un contexte infiniment plus critique – et c'est peu de le dire –, le Conseil national de la Résistance a su, avec son programme « Les jours heureux », à la fois répondre à l'urgence d'une situation (la coordination de la Résistance pendant la Seconde Guerre mondiale) et proposer un projet d'avenir pour la société libérée. S'il n'y a pas, dans la mutualité, l'énergie et le courage pour à la fois résister aux injonctions externes et repenser nos projets d'avenir au bénéfice de nos adhérents, et plus largement de tous ceux qui sont en difficulté, alors le mouvement mutualiste n'a plus de raison d'être.

Je voudrais également faire observer que la double nature de la gouvernance mutualiste (élue et salariée) devrait permettre, sur ce point, une répartition des rôles : aux élus, représentant les adhérents, le pilotage de la réflexion sur l'ambition mutualiste ; aux salariés experts, la réflexion sur l'adaptation aux contraintes externes et le management. Et aux deux réunis, l'organisation et l'alimentation du débat sur les tensions qui naissent de la confrontation de ces points de vue. À ce propos, signalons que le combat de la FNMF sur le maintien du président comme dirigeant effectif, sans s'appuyer sur une définition claire de ses obligations spécifiques de représentant des adhérents, a largement contribué à tirer la branche politique de la gouvernance vers la seule adaptation aux contraintes.

« L'État a tellement encadré les garanties, la concurrence est si vive, qu'il n'est plus possible de se différencier autrement que par les prix. »

Là encore, ces évolutions sont incontestables et elles pèsent considérablement – mais elles pèsent sur l'activité concurrentielle. Prenons l'exemple de la complémentaire santé. Historiquement, sur ce champ, l'activité d'une mutuelle ne se limite pas à être un centre de paiement derrière la Sécurité sociale. Le projet mutualiste, c'est, entre autres, de favoriser l'accès à la santé (et pas seulement aux soins et à leur paiement) des populations, et singulièrement des plus éloignées du système de santé ou en difficulté pour cause d'accidents de la vie. Le projet mutualiste, c'est aussi d'offrir des moyens et de susciter des combats pour transformer les conditions de vie susceptibles de dégrader la santé. Par le passé, cette ambition a conduit la mutualité à développer des offres de soins, et plus récemment, pour certains acteurs, à s'intéresser aux conditions de logement. C'est aussi elle qui a conduit, et conduit encore, la mutualité à mettre l'accent sur la prévention.

Alors, certes, les modèles économiques de ces activités sont aujourd'hui en difficulté, mais faut-il pour autant y renoncer ou les céder au privé lucratif – comme nous le voyons ici ou là ? N'est-il pas possible de s'emparer de solutions numériques pour donner des voies d'accès à la santé aux populations en difficulté, au lieu de les packager dans des offres de services annexes qui ne seront utilisées que par ceux qui ont déjà de multiples moyens de se soigner ? N'est-il pas possible d'utiliser l'intelligence artificielle pour détecter les fragilités parmi nos adhérents et aller au-devant d'eux avec nos bénévoles ? N'est-il pas possible de travailler sur les conditions sociales, économiques et environnementales qui pèsent sur l'espérance de vie de nos concitoyens, en liaison avec les chercheurs et les associations ? N'est-il pas possible – au moment où il devient impossible de joindre les services d'une grande mutuelle – de mobiliser tous les moyens numériques, physiques, salariés et bénévoles pour écouter nos adhérents ?

Comme affirmé en début d'ouvrage, les besoins, les espaces et les moyens d'intervention sont immenses et en mouvement. Si nous ne savons pas nous en saisir, alors ne déplorons pas d'être perçus par les gouvernants comme des supplétifs d'une Sécurité sociale étatisée, et par toutes les autres parties prenantes comme de simples assureurs.

« Les mutualistes font beaucoup de choses, mais personne n'en parle. »

Eh bien non : globalement, nous ne faisons pas beaucoup. Ou plutôt, nous le faisons dans les marges de nos métiers : dans nos fondations, nos mutuelles de Livre III, notre action sociale, et au travers des fameux packages de services annexes évoqués ci-dessus. Mais pas dans le cœur de nos offres et de nos processus de relation aux adhérents.

Reléguant nos actions de solidarité et de proximité sur des strapontins, nous sommes dans une démarche qui n'est pas essentiellement différente de celle des sociétés de capitaux quand, au titre de la responsabilité sociale des entreprises (RSE) ou de leur raison d'être, elles développent des « bonnes pratiques » consuméristes ou subventionnent des innovations en santé. C'est ainsi, par exemple, que nos fonds d'action sociale, déconnectés de nos missions, ont perdu leur sens mutualiste pour se transformer en bonnes œuvres.

Comment faire la différence ? Dans l'énergie mobilisée pour l'engagement et la proximité, tout simplement.

« De toute façon, aujourd'hui, les jeunes ne s'engagent plus, et surtout pas dans les mutuelles, alors à quoi bon réfléchir à l'engagement ? »

J'ai déjà fait remarquer qu'aujourd'hui, quand les dirigeants mutualistes abordent cette question, ils pensent « engagement au profit de la mutuelle », alors que le mutualisme est « engagement au profit des autres ». Sur cette définition, un ami consultant m'a posé un jour la question suivante : « OK, au profit des autres, mais pourquoi les gens s'engageraient-ils dans une mutuelle plutôt que dans une association ? »

Cette question utilitariste n'est pas la mienne. Ma seule question mutualiste est : combien de personnes est-ce que j'aide ? Et combien parmi elles sont en réelle difficulté ? Serait-il aberrant que dans nos « indicateurs clés de performance » – pour parler, de manière provocatrice, comme les consultants –, l'humanité de l'aide apportée soit l'un des tout premiers ?

Une objection économique surgit alors immédiatement : « Tout ceci coûte et, dans un univers de guerre tarifaire, c'est un problème. »

C'est en effet un problème mais, avant même de le creuser, l'un de nos arguments pour faire valoir notre vertu mutualiste est que nous n'avons pas d'actionnaires à rémunérer. Et donc cet argent économisé, où va-t-il ? Plus exactement, où devrait-il aller ? À tous ceux que nous sommes supposés aider sans contrepartie économique. Ou alors je n'ai rien compris à la non-lucrativité que nous revendiquons.

Je ne suis évidemment pas le premier à relever cela, et des présidents de la FNMF ont ouvert des chantiers sur la définition et la mesure du « dividende social mutualiste » ou du « service social rendu », deux notions qui avaient pour ambition de mesurer l'apport spécifique des mutuelles à la société en matière de traitement des questions sociales. Chantiers avortés. Pourquoi ? Interrogeons-nous collectivement sur ces échecs.

Une des objections à verser ce dividende s'appuie sur le coût des contraintes réglementaires (mais elles coûtent aux non-mutualistes de la même façon) et sur la nécessité de mettre nos résultats en réserve pour satisfaire aux besoins de couverture de solvabilité. Mais, quand la réglementation demande 100 % de couverture, toutes les mutuelles ou presque s'enorgueillissent de faire plus, voire beaucoup plus, et communiquent sur l'augmentation de leur ratio de couverture. L'Autorité de contrôle prudentiel et de résolution (ACPR, le régulateur de notre profession) nous est d'un grand secours dans cette justification, puisqu'elle-même nous pousse à nous surprotéger. Nous devrions dénoncer cette exigence de surprotection au nom de la défense des intérêts de nos adhérents : ce sont leurs cotisations, rappelons-le, qui la financent. Or, quand on œuvre avec l'argent des adhérents, rendre compte de la bonne utilisation de celui-ci au regard de nos missions n'est pas une option : c'est un devoir.

L'objection suivante au pilotage d'une mutuelle par les valeurs se répartit en deux camps, selon que l'on est gros ou petit.

Argument des « petits » : « Nos moyens sont tellement limités que nous ne pouvons pas faire grand-chose. »

Je ne ferai pas aux lecteurs l'injure de leur rappeler la fable du colibri. Sa morale est que l'on n'est jamais trop petit pour donner l'exemple. J'ai vu de toutes petites mutuelles, parce qu'elles sont proches de leurs adhérents, développer des actions utiles sans mobiliser d'autres moyens significatifs que leur envie d'aider. L'envie, cela coûte, mais pas nécessairement de l'argent : des efforts d'écoute, d'imagination et de bienveillance. Or nos efforts sont-ils toujours à la mesure de nos devoirs vis-à-vis de nos adhérents ?

Argument des « gros » : « Faire vivre la solidarité, la proximité et l'engagement est plus facile dans une petite mutuelle que dans une grosse. »

Mais alors, pourquoi grossir si cela rend la raison d'être impossible ? Et pourquoi expliquer aux petites qu'elles n'ont d'autre solution que d'être absorbées par un gros pour continuer à servir leurs adhérents ? Quel est cet illusionniste qui affirme qu'il est plus facile d'être mutualiste quand on est petit et, dans le même temps, démontre qu'il n'est plus possible d'être petit ? Si ce sophisme n'est pas la mort du mutualisme, je ne m'y connais pas.

La vérité, c'est que les gros n'investissent pas dans l'incarnation des valeurs mutualistes à proportion de leur taille. Rappelons cette évidence : il n'y a pas d'économies d'échelle dans la mise en pratique de la solidarité, de l'engagement, de la démocratie et la proximité !

« Le monde a changé et nos valeurs ne parlent plus aux gens. »

Pardon ? La démocratie ne parlerait plus aux gens ? Certaines formes de démocratie représentative confiscatoires de la parole des citoyens ou des adhérents, probablement. Mais d'autres formes sont possibles et souhaitables. La solidarité se heurterait à la montée de l'individualisme consumériste. Est-ce si vrai ? Quoi qu'il en soit, notre mission n'est-elle pas précisément de démontrer le contraire ? L'engagement ? J'en ai déjà parlé. La proximité ? Elle est au cœur de bien des préoccupations sociales.

Ce ne sont pas nos valeurs qui ne parlent plus aux gens, c'est nous qui leur parlons d'autre chose. Quand on veut, peut-on ? Bien sûr que les valeurs « coûtent », mais elles coûtent quoi ? Quelques exemples pour illustrer brièvement ce point.

Faire vivre la démocratie est bien davantage une question d'engagement que de budget. Formuler les résultats économiques au prisme des valeurs ne coûte que l'effort intellectuel nécessaire à cette formulation. Cet effort n'est pas négligeable, mais il est sans doute bien moins important que celui nécessité par la mise en place des multiples processus de contrôle imposés par les diverses réglementations qui se sont abattues sur nous.

Naturellement, il ne suffit pas de présenter les résultats différemment : il faut organiser les temps et les structures de gouvernance où en débattre. Là encore, ce n'est pas une question de dépenses, mais de volonté. Or la volonté de s'exposer aux questions n'est pas la richesse la mieux distribuée dans les organismes assurantiels, qu'ils soient mutualistes ou autres.

En ce qui concerne la proximité, elle pourrait s'exprimer (mais je le détaillerai plus loin) comme une attention portée aux adhérents au moment où ils en ont le plus besoin. Nous pouvons faire beaucoup mieux que d'empiler des services standards qui seront peu utilisés et rarement par ceux qui sont le plus en difficulté. À titre d'exemple, la Croix-Rouge a développé un service au bénéfice des personnes en très grand isolement. Chaque prise en charge coûte moins de 500 euros. Aider quelques dizaines d'adhérents par an est largement dans l'enveloppe des budgets d'action sociale de la plupart des mutuelles. Mais encore faut-il identifier ceux qui sont dans cette situation. Le faire respectueusement, délicatement, n'est pas simple. Mais si nous n'en sommes pas capables, alors ne nous revendiquons pas proches de nos adhérents. Là encore, ce n'est pas une question de gros sous.

Pour ce qui est des gros sous, faisons un petit calcul rapide pour donner des ordres de grandeur. Soit une mutuelle avec un besoin de fonds propres réglementaires de 10 millions d'euros et qui couvre ce besoin à 150%. Elle dispose donc de 15 millions de «capital». Parce que non lucrative, par rapport à une société d'actionnaires, elle économise les 3% de dividendes (minimum) que ces derniers attendraient de ces 15 millions. Elle peut ainsi, sans perte de compétitivité, abonder son fonds d'action sociale de 450 000 euros par an et, avec cette somme, accompagner avec la Croix-Rouge plus de mille adhérents en très grand isolement. Évidemment, si l'objectif de cette mutuelle est d'empiler chaque année toujours plus d'excédents de fonds propres, mon raisonnement ne tient pas.

Si nous le voulons vraiment, nous pouvons faire vivre les valeurs! Et tant mieux si ce n'est pas simple ou pas uniquement une question d'argent: au moins, nous ne serons pas imités par le premier gros assureur venu. Mais, avant cela, revenons sur l'idée que la réglementation nous étouffe.

CHAPITRE 11
Solvabilité 2 : notre meilleur ennemi

Solvabilité 2 et son cortège d'obligations sont des ennemis bien utiles pour justifier notre incapacité à travailler sur nos valeurs. Posons quelques balises de détection et propositions mutualistes pour échapper à son emprise.

Première balise

Solvabilité 2 couvre les activités d'assurance, qui sont précisément, dans ces périodes de pandémie, au cœur de la protection des citoyens. C'est évident pour la couverture des frais de santé ou la prévoyance. Pourtant, face à la crise sanitaire, cette évidente responsabilité n'a pas frappé nos régulateurs – à commencer par l'EIOPA (autorité européenne en charge de cette réglementation). Ou plutôt, si elle les a frappés, c'est au bénéfice de leur biais originel, la survie des organismes d'assurances (ce qui est important pour les assurés, évidemment), et non par l'évaluation de leur utilité sociale dans des contextes comme celui de la pandémie de covid-19. En gros : « Si je sauve le business des assureurs, j'aurai fait mon job et, par construction, la société s'en portera mieux. » Pas besoin de réfléchir au-delà.

Proposition 1 : changer de vision. « Et si je sauvais un business vraiment utile aux gens en repensant mes règles à l'aune de cet objectif ? »

Deuxième balise

Les modèles mathématiques qui servent à la mesure des risques sont totalement court-termistes. Solvabilité 2 les appuie sur la protection contre la probabilité de ruine... à un an ! Cette myopie gomme toute vision de long terme et a pour conséquence de donner un poids considérable à la volatilité des marchés financiers.

De surcroît, la directive évalue la valeur (donc la solidité) d'un assureur dans une perspective liquidative : il s'agit de calculer le prix d'une société d'assurances comme si on voulait la vendre « à la casse » à un fonds vautour (ces fonds d'investissement qui dépècent les boîtes après les avoir rachetées et les revendent par morceaux). Par conséquent, toutes les valeurs immatérielles (et notamment celles qui sont liées à la reconnaissance de l'utilité de l'entreprise par les parties prenantes) sont gommées. Les gains espérés d'investissements de long terme sont sous-évalués s'ils ne sont pas immédiatement quantifiables en termes de résultats financiers pour l'entreprise. Pour ne prendre qu'un exemple, en matière de placements financiers, Solvabilité 2 n'a aucune vision de l'utilité sociale des investissements. La seule mesure qui compte est celle fournie par les Bourses.

Proposition 2 : recalibrer l'appréciation des placements financiers et des investissements liés aux développements de produits ou de services en valorisant leur utilité sociale.

Troisième balise

Les modèles économiques non lucratifs sont totalement ignorés. *A fortiori*, les normes passent sous silence – et les régulateurs déplorent – la diversité de ces modèles.

Notamment la spécificité du modèle mutualiste de complémentaire santé. Dans une période où il est nécessaire de se réinventer, comme tout le monde le clame, laisser perdurer et peser sur les acteurs de la protection des regards aussi étroits et immobiles est une aberration.

Proposition 3 : ne pas traiter dans la même norme les modèles non lucratifs et les autres.

Quatrième balise

Compte tenu de la prégnance de l'idéologie libérale qui sous-tend globalement les réglementations européennes, Solvabilité 2 n'échappe pas au dogme de la construction du grand marché concurrentiel. Les Européens qui s'assurent ne sont que des consommateurs, les entreprises d'assurances que des fournisseurs de produits et services ; peu importe que les garanties servent à couvrir la casse d'une voiture ou un problème de santé.

Proposition 4 : extraire du marché – et des normes qui vont avec – les activités concernées par la couverture de besoins vitaux pris en charge par des entreprises à but non lucratif.

Cinquième balise

Pour Solvabilité 2, la gouvernance d'une entreprise non lucrative, pourtant centrée sur la satisfaction des besoins vitaux, n'a pas de raison d'être différente de celle d'un acteur à but lucratif œuvrant sur des marchés de biens et services concurrentiels. Un médecin n'est pas reconnu par les régulateurs comme naturellement légitime à diriger une mutuelle (ou autre) qui rembourse des frais de santé, alors qu'un actuaire diplômé qui n'aurait jamais vu un patient, lui, n'a rien à prouver. Il sait calculer et cela suffit. On croit rêver !

Les modes de gouvernance démocratique doivent échapper à la pression normalisatrice qui dépossède les représentants des bénéficiaires de leurs pouvoirs au profit des techniciens, quelles que soient la bonne volonté et l'empathie de ces derniers à l'égard des populations. À ce propos d'ailleurs, et ce n'est pas tout à fait une plaisanterie, pourquoi ne pas valoriser l'empathie dans les modèles d'évaluation ?

Proposition 5 : on fiche la paix aux organisations visées par la proposition 4 et on les laisse organiser une gouvernance qui privilégie la représentation des parties prenantes.

Sixième et dernière balise

Les régulateurs adorent que les assureurs soient gorgés de fonds propres. Solvabilité 2 prescrit des modèles pour évaluer les besoins optimaux en la matière afin d'éviter la fameuse ruine. Eh bien, croyez-le si vous le voulez, les régulateurs zélés en rajoutent une couche et, quand un organisme couvre juste un peu plus de 100 % de ce besoin, ce n'est pas assez pour eux ! Un peu comme un gendarme qui vous arrêterait dès lors que vous roulez juste en dessous de 130 kilomètres/heure sur l'autoroute, au motif que le risque de dépasser la vitesse autorisée est proche. Comme si vous n'étiez pas suffisamment attentif pour ne pas aller au-delà.

Pour les mutuelles, notamment, cette question est anti-économique et anti-démocratique : ce sont les adhérents qui, grâce à leurs cotisations, leur ont permis d'accumuler ces fonds propres ; en exiger au-delà du nécessaire revient ni plus ni moins à les priver de leurs droits. En outre, pourquoi serait-il aberrant qu'en période de crise majeure ces excédents de fonds propres soient rendus, en partie, sous forme d'aide aux adhérents ? Et tant pis si le résultat comptable de l'année est déficitaire, puisqu'il n'a pas de valeur normative positive pour une mutuelle : il signifie seulement que celle-ci a demandé plus d'argent à ses adhérents qu'elle ne leur en a rendu sous forme de prestations et d'accompagnement. Quand on n'a pas d'actionnaires à rémunérer et que l'on possède suffisamment de fonds propres, un résultat positif signifie que l'on n'a pas fait son boulot d'aide aux adhérents.

Proposition 6 : on sort les mutuelles du calibrage assurantiel des besoins de fonds propres.

Vous l'aurez compris au fil des propositions, il faut sortir de Solvabilité 2 tous les acteurs non lucratifs qui prennent en charge des besoins vitaux, et notamment les mutuelles santé. Toute la société y gagnera ! Ce combat est vital, mais il faut le mener à partir de ce que nous sommes, non à partir des présupposés des modèles qui nous sont imposés. D'où l'urgence de savoir qui nous sommes vraiment.

TROISIÈME PARTIE

LE MUTUALISME AU TAMIS DE LA PHILOSOPHIE

Un lecteur attentif aura noté que je n'ai toujours pas traité les deux questions pourtant au cœur de mon propos : qu'est-ce qu'une valeur ? Et singulièrement une valeur mutualiste ? Parmi la douzaine de valeurs affichées par l'une ou l'autre mutuelle, comment choisir ? Certaines sont-elles incontournables ? Jusqu'ici, je n'ai traité qu'une seule question : en quoi faire référence à une valeur nous oblige-t-il dans le pilotage de nos activités ? Je dois m'attaquer maintenant au cœur du sujet : la formulation de la raison d'être et des valeurs mutualistes.

CHAPITRE 12
Valeurs ? Vous avez dit valeurs ?

Comme j'ai l'esprit de contradiction, y compris vis-à-vis de moi-même, je ne suis pas certain, pour tout dire, qu'une définition *a priori* et hors de tout contexte des valeurs mutualistes soit nécessaire pour les incarner. Et ce pour au moins quatre raisons.

Premièrement, les mots utilisés (démocratie, solidarité, engagement, etc.) pour énoncer les valeurs mutualistes ne nous appartiennent pas. Ils sont généralement lourds de sens et polysémiques. En proposer une définition relève de la philosophie, de la sociologie, de l'anthropologie, de la politique... Et nous, dirigeants mutualistes, ne sommes pas, sauf exception, qualifiés pour cela.

Ces mots, deuxièmement, présentent une autre caractéristique : ils sont connus de tous et nous avons tous notre idée de ce qu'ils recouvrent. N'est-ce pas précisément dans la confrontation de ces conceptions que la démocratie mutualiste trouvera un regain de vitalité ?

Cette confrontation, troisièmement, n'est pas spéculative puisqu'il s'agit d'en déduire des principes d'action pour nos mutuelles. Or les champs (activités, territoires, publics) d'incarnation ou de défense de ces valeurs sont différents d'une mutuelle à l'autre et, s'agissant de leur mise en œuvre, les réponses peuvent varier sans qu'il soit possible de hiérarchiser *a priori* leurs qualités.

Enfin, et peut-être surtout, le mutualisme ne peut pas travailler les valeurs indépendamment les unes des autres. C'est leur articulation qui fait système et, en l'occurrence, « mutualité ». Tenter une définition isolée de chacune d'elles ne fera que vider de son sens toute tentative d'éclaircissement.

Démocratie et non-lucrativité

Mais même en évacuant, à ce stade, la question de la définition, reste celle-ci : quelles valeurs sont incontournables pour faire mutualité ? Les énoncés ci-dessus sont sous-tendus par l'idée que, pour incarner les valeurs, il faut discuter collectivement de ce qu'elles imposent, de leurs articulations et de leur mise en action. À ce titre, la démocratie est bien la première valeur mutualiste incontournable.

Tout de suite après la démocratie, dans les déclarations de vertu de nos mutuelles, sans exception, nous poussons en avant la non-lucrativité. En première analyse, celle-ci est davantage une exigence économico-institutionnelle qu'une valeur. Pourtant, si nous la considérons d'un point de vue démocratique, elle exige de nous bien plus que ce qui est imposé aux acteurs lucratifs par la recherche du profit. En effet, l'actionnaire d'une société de capitaux peut s'estimer satisfait dès lors que la valeur boursière de ses actions progresse et que le dividende correspond à ses attentes. Mais nous, mutualistes, exerçons notre activité avec l'argent de nos adhérents : utiliser chaque centime au mieux et rendre compte de cette utilisation aux représentants desdits adhérents est une exigence majeure. Notons une fois de plus que, pour que l'exercice ne reste pas formel, ce « rendre compte » suppose une démocratie vivante.

Une fois ceci posé, la véritable difficulté est de définir ce que signifie « utiliser au mieux » l'argent des adhérents. Limiter les dépenses inutiles du point de vue de nos missions semble un minimum. Mais cela ne va pas très loin en termes de « valeurs ». Prenons la raison d'être d'une mutuelle santé, que l'on pourrait synthétiser ainsi : donner accès à la santé. Mais la santé de qui ? Mes adhérents d'aujourd'hui ? Ceux de demain ? Quels adhérents demain ? Comment prioriser ceux que je vais aller chercher (les plus démunis ou les plus solvables) ? Sous quelles conditions (avec sélection médicale ou non) ? Avec quelles offres (les plus rentables ou non) ? Avec quels moyens (commerciaux, bénévoles, directs ou intermédiés) ?

Nous retrouvons ici, et ce n'est pas anormal, les interrogations sur l'utilité mutualiste déjà évoquées. La démocratie mutualiste impose de travailler collectivement ce type d'interrogations existentielles : c'est par son alchimie que la non-lucrativité se transforme en valeur. Sans cette exigence, elle n'est qu'une modalité économique d'exercice d'un métier.

Quelle rationalité ?

À l'aune de quoi évaluer les réponses aux questions ci-dessus et comment en rendre compte démocratiquement ? La plupart du temps nous allons chercher nos indicateurs dans les standards « de marché » ou « réglementaires », qui relèvent de rationalités étrangères à notre raison d'être. Ceci ne veut pas dire qu'ils ne constituent pas, parfois, des critères utiles, mais la boussole n'a jamais fixé le cap. Quelle rationalité leur opposer ? Il est possible de revenir à une distinction classique : rationalité « utilitariste » ou rationalité « axiologique ». Pour aller vite, la première évalue les raisons d'agir à leur impact sur les choses, les personnes, les situations. La seconde passe ces raisons au crible des valeurs.

Faisons tout de suite un sort à la rationalité utilitariste. Utilité pour qui, pour quand, comment ? C'est le serpent qui se mord la queue puisque l'on revient aux questions précédentes. Tournons-nous alors vers la rationalité axiologique : la boussole serait-elle constituée du corpus des valeurs mutualistes ? Prenons une valeur revendiquée peu ou prou par toutes les mutuelles : la solidarité. Solidarité entre qui et qui ? Les adhérents solvables uniquement ? Les adhérents vertueux qui répondent à nos sollicitations en matière de prévention ? Les bien-portants ? L'engagement : au profit de qui ? La proximité : géographique, professionnelle ?

Pour chacune des valeurs, des questions du même type vont se poser. Les réponses ne viennent donc pas de l'énoncé des valeurs. De mon point de vue – mais ceci mériterait d'être mis en débat dans le mouvement mutualiste –, les réponses sont à chercher dans l'ambition que se fixe la mutuelle : dans sa raison d'être. Pour ne pas céder à la tentation de la facilité ou du prêt-à-penser qui prospère dans les raisons d'être qui s'affichent désormais un peu partout, j'ai choisi de passer celle du mutualisme au tamis de la philosophie.

CHAPITRE 13
La philosophie au secours de la raison d'être mutualiste ?

Depuis ses origines, le mouvement mutualiste a été secoué par de nombreuses crises internes et externes. Sous l'Occupation, sa complaisance pour le régime de Vichy a démontré de manière éclatante que la référence aux valeurs n'est pas un antidote aux égarements et que leur ressassement ne protège de rien. La question est donc de savoir ce que serait l'essence d'un mutualisme vertueux, dans le sens que donnaient les Grecs au mot « vertu », à savoir une sagesse conforme à l'ordre du monde.

Une autre approche du problème consiste à se questionner sur les devoirs spécifiquement mutualistes et les « impératifs catégoriques » au sens kantien – c'est-à-dire sans autre raison que leur conformité à la loi morale – qui leur sont liés. Ces impératifs pourraient être formulés ainsi : que dois-je accomplir, moi, mutualiste, pour être en accord avec les valeurs du mutualisme, sachant que ces valeurs valent pour elles-mêmes, sans qu'il soit nécessaire de les justifier par des considérations qui leur seraient supérieures ou préexistantes ? Notons dès lors que placer son action sous une telle loi morale impose ou autorise de transgresser toutes les normes et les obligations qui l'entravent.

Le philosophe et le dirigeant mutualiste

Passer ces questions au tamis des grandes interrogations philosophiques peut sembler superflu au regard des enjeux économiques du moment. C'est oublier que presque toutes les grandes figures de la sociologie ou de l'économie depuis le XVIIIe siècle se sont pensées philosophes, ou à tout le moins porteuses d'une vision philosophique de l'être humain. Comment les mutuelles, qui se définissent comme sociétés de personnes, d'une part, et parties prenantes d'un mouvement social, d'autre part, pourraient-elles, au moment où ces dimensions ne sont plus audibles, faire l'économie d'un tel retour réflexif sur ce qui les fonde ?

Je ne suis pas – et je le déplore – philosophe, mais les questionnements de la discipline me passionnent. Je suis – et je le revendique – dirigeant mutualiste, et l'exercice de cette fonction me passionne également. À titre personnel, réunir ces deux passions dans une même réflexion n'est donc pas seulement une exigence morale, un devoir, mais un plaisir.

Le lecteur averti des choses philosophiques voudra bien me pardonner des approximations. Pour tenter de les éviter, je me suis appuyé largement sur l'ouvrage *Leçons de la philosophie*, dirigé par Alain Renaut[11], que je cite abondamment par la suite ; une partie de ces citations ont été éclairées par François Châtelet dans *Une histoire de la raison*[12]. Le militant mutualiste engagé, quant à lui, voudra bien admettre que les convictions que j'affiche nécessitent discussions, débats, controverses, et me donner crédit de reconnaître porter *une* vision du mutualisme qui n'épuise pas toutes ses formes possibles. Enfin, le militant politique, quel que soit son bord,

11. Alain Renaut (dir.), *Leçons de la philosophie*, Odile Jacob, 2018.
12. François Châtelet, *Une histoire de la raison. Entretiens avec Émile Noël*, Points, 2015.

notera que je ne traite pas de l'État, de la protection sociale, des institutions démocratiques, de la crise climatique, alors que toutes ces questions ne peuvent être indifférentes au mutualisme. Ma démarche est délibérément autocentrée, bien que nourrie de références extérieures au mutualisme. Dans la quatrième partie de cet ouvrage, cependant, j'esquisserai une confrontation de ma conception du mutualisme avec l'un des philosophes essentiels de l'époque, disparu pendant l'écriture de ce livre : Bruno Latour.

L'approfondissement de la confrontation du mutualisme avec tous ceux qui travaillent à penser un monde durablement vivable est en effet impératif. Dans quels lieux ? Dans quels temps ? Avec qui et comment ? Je n'ai pas la réponse aujourd'hui. La seule prétention de mes développements est de démontrer la nécessité et la possibilité de retravailler ce que pourraient être les fondements d'un projet mutualiste. Ce travail est indispensable à la survie du mutualisme à une époque où sa spécificité est, à juste titre selon moi, mise en question.

Pour en revenir à ma propre posture, sur les deux plans – philosophique et mutualiste –, disons-le d'emblée, elle est rationaliste et ne se place sous aucune autorité supra-humaine (ni Dieu ni maître) ou ordre naturel (*a fortiori* économique) auquel les hommes devraient se soumettre pour agir bien, être heureux ou même simplement efficaces.

Une fois ceci posé, je ne méconnais pas – pour les vivre et les affronter professionnellement depuis plus de quarante ans – les contraintes du réel, mais, à la lumière de cette expérience, il m'est apparu que les dépasser imposait de les soumettre à un impératif supérieur. Ce chapitre est donc également une tentative d'argumentaire pour convoquer les normalisateurs, régulateurs, donneurs de leçon de réalisme de tout poil, devant le tribunal de la raison d'être mutualiste et de sa loi morale.

Philosopher, une exigence mutualiste ?

C'est bien de loi morale qu'il s'agit. Et quand on invoque une loi morale, on appelle des experts à témoigner : les philosophes. Je commence les auditions au XVIIe siècle quand, pour reprendre une formulation des *Leçons de la philosophie*, « l'humanisme constitutif de la modernité a consisté à valoriser en l'homme la double capacité d'être conscient de lui-même (l'autoréflexion) et de fonder son propre destin (l'auto-fondation) » (p. 41). L'être humain moderne, devenu « sujet », a fait émerger, dans les sociétés occidentales, la figure de l'individu et le cortège de réflexions sur ses droits, ses devoirs, sa capacité ou son exigence d'autonomie par rapport aux formes traditionnelles d'hétéronomie (les religions, par exemple).

De l'individu se revendiquant porteur de droits à l'individualisme, le glissement était inévitable. L'individualisme a renouvelé des interrogations philosophiques – mais aussi sociologiques, économiques, etc. – sur le sens de l'agir : utilitarisme, constructivisme, conséquentialisme, moralisme... La légitimité des sources normatives de la morale et des droits s'est retrouvée de nouveau profondément questionnée.

Les mutuelles sont, par nature, au carrefour de toutes ces questions. D'une part, elles affirment être des sociétés de personnes, sujets tous légitimes à prendre parti (une personne = une voix) et bénéficiaires de droits. D'autre part, elles sont construites comme des collectifs : le mot qui les désigne exprime cette idée que leur mission n'a de sens qu'avec et pour tous. Enfin, elles sont des entreprises : leur utilité et leur efficacité s'incarnent dans le résultat de leur agir. Cette triple dimension les caractérise ontologiquement : elles sont une forme d'organisation spécifique. Cette spécificité, en tant que telle, n'a pas à être légitimée ni même démontrée : « elle est », tout simplement.

En revanche, cette forme spécifique ne préjuge en rien d'une utilité spécifique. C'est à cette interrogation que je vais tenter de répondre : « pour quoi » (« pourquoi » suppose une causalité dont le mutualisme découlerait, « pour quoi » questionne la finalité) les mutuelles existent-elles ? Et tout d'abord, que sont-elles au-delà de leur forme institutionnelle ? Le raisonnement qui suit se décompose en trois temps.

1. La forme mutualiste suppose-t-elle – impose-t-elle – aux organismes concernés des attributs spécifiques ? Dit autrement, sans ces attributs, l'organisme peut-il toujours être qualifié de mutualiste ? Posons immédiatement que, par-delà la forme, ces attributs sont dénommés « valeurs » dans le monde mutualiste. Nous parlons ici de « valeurs actives » au sens où elles ont un effet central sur l'agir de la mutuelle. Par « central », nous entendons qu'elles ne peuvent jamais être évacuées dès lors qu'il s'agit de décider.

2. À l'aune de quelle nécessité puis-je qualifier ces valeurs de « spécifiquement utiles » ? Si ces attributs ne sont pas spécifiquement utiles, alors la forme mutualiste ne l'est pas. En effet, la non-lucrativité, la solidarité et la démocratie (juridiquement exprimées dans le Code de la mutualité) se retrouvent dans d'autres formes d'organisations : leur incarnation « mutualiste » leur confère-t-elle une spécificité qui elle-même qualifierait la spécificité mutualiste ? Là, le serpent se mord la queue : mes valeurs sont spécifiques parce que je suis spécifique et je suis spécifique parce qu'elles le sont.

3. Serait-ce alors la nécessaire conjugaison de certaines de ces valeurs au sein de la forme mutualiste qui en ferait

la spécificité, les autres formes d'entreprises – notamment dans l'ESS – pouvant se dispenser de l'une ou de l'autre ? La tentation serait alors de tenir une comptabilité du genre : si la mutuelle incarne X valeurs sur les Y qui s'imposent à elle, alors elle peut se prétendre vraiment mutualiste ; dans le cas contraire, non. Au mieux, cette comptabilité donnerait une approche de l'étendue des devoirs mutualistes, mais elle n'en qualifierait pas l'utilité spécifique.

De ce qui précède, on voit que le raisonnement par l'énumération des valeurs aboutit à une impasse et qu'il va falloir chercher ailleurs de quoi « justifier » l'utilité de la forme mutualiste. La véritable question est bien, comme pressenti, celle de la raison d'être et non celle des valeurs.

Pourtant, paradoxalement, nous avons entrevu dans ce raisonnement qu'une des voies pour faire « apparaître » spécifiquement – mais sans la justifier – la forme mutualiste, et donner corps à sa raison d'être, passe par l'énumération d'un certain nombre d'attributs que j'ai arbitrairement dénommés « valeurs actives ».

Forme, raison d'être et valeurs actives sont donc indissociables quand on cherche à approcher ce qu'est une mutuelle. Mais, si la forme est en partie donnée par les textes, par l'histoire, la relation entre raison d'être et valeurs est une relation de causalité. L'incarnation et la nécessité spécifiques des secondes émanent de la première.

CHAPITRE 14
Raison d'être et valeurs : tentatives et tentations de propositions

Si l'empilement des attributs mutualistes – les valeurs actives – ne suffit pas à démontrer l'utilité spécifique des mutuelles, ne faut-il pas prendre le problème par un autre bout ? L'existence de la forme mutualiste se justifierait-elle parce que consubstantiellement conforme à une exigence extérieure à elle, loi morale ou autre ?

Rappelons que les mutuelles sont des organismes agissant dans le monde réel. La conformité à une exigence morale ne peut pas, ne doit pas les dispenser de peser sur ce réel. Bien au contraire. Pour cette raison, l'enchaînement causal inévitable d'une réponse positive à la question de la loi morale est : avec les mutuelles, le monde peut-il être meilleur ?

La formulation « peut-il » n'est pas une clause de style : de mon point de vue, il suffit que la forme mutualiste ouvre, sous couvert de sa raison d'être, des voies spécifiques d'amélioration du monde pour que son existence se justifie ; ensuite, il relèvera de la liberté de chaque mutualiste de s'engager ou non dans ces voies, et de la liberté de chaque mutuelle de proposer ou non lesdites voies à ses mutualistes. Cette liberté de choix est l'une des caractéristiques incontournables de l'engagement mutualiste.

Et voilà de nouveau poindre une valeur à activer : l'engagement ! Ceci confirme la conclusion du paragraphe précédent :

même si les valeurs ne font pas ontologiquement « mutualisme », pour faire apparaître celui-ci et prouver sa raison d'être, il faut en passer par le questionnement de leur incarnation. Allons-y ! Enfin !

L'engagement ? Quel engagement ?

Dans l'acception ci-dessus – l'engagement ne vaut que s'il s'exerce librement –, le paiement d'une cotisation pour bénéficier d'une protection ne qualifie pas l'engagement mutualiste. Or, rappelons-le, cette « valeur » est aujourd'hui profondément bousculée par les réalités de marché. Dans un contrat collectif d'entreprise, le salarié n'a plus le choix de son organisme assureur : cet organisme peut d'ailleurs être ou non mutualiste sans que cela détermine une qualité de couverture ni une nature d'obligations contractuelles différentes.

L'adhésion libre ne fait pas non plus le mutualiste : cette adhésion repose, le plus souvent, sur des considérations consuméristes (le rapport qualité/prix, par exemple) et dans ce cas les obligations réciproques (assureur/assuré) relèvent de la simple exécution des termes du contrat. Là encore, ces termes, aujourd'hui, ne différencient quasiment plus une couverture mutualiste d'une autre.

L'engagement mutualiste pourrait alors se reformuler ainsi : individuellement, on devient mutualiste dès lors que l'on choisit de s'engager à saisir les opportunités d'engagement offertes par la mutuelle. La mutuelle a la responsabilité de « faire mutualité » en proposant collectivement ces opportunités.

Enfin, ces deux exigences (individuelles et collectives) ne doivent répondre à aucun autre impératif que celui d'être utile au monde (et pas à des injonctions économiques ou réglementaires). C'est la liberté de chaque mutuelle et de chaque adhérent de choisir d'être ou de ne pas être utile ! Et donc d'être ou de ne pas être mutualiste.

J'ai conscience, en affirmant cela, de dynamiter deux murs du silence mutualiste. D'une part, nos adhérents ne sont pas nécessairement mutualistes : il n'y a pas 32 millions de mutualistes ; 32 millions, c'est le nombre d'adhérents à une mutuelle, mais c'est vraiment très loin d'être le nombre d'adhérents engagés.

D'autre part, l'engagement n'est plus la source de la mutualisation, c'est au contraire la mutuelle qui doit susciter cet engagement. Les jeunes ne sont pas responsables de l'affaiblissement de l'engagement mutualiste ; c'est nous, dirigeants, qui ne savons plus leur proposer des formes d'engagement mobilisatrices.

La démocratie ? Par-dessus tout

Quelle est la nature de cet engagement librement choisi ? Pour répondre, il faut revenir à des questionnements philosophiques. Et notamment à l'homme devenu « sujet » et à sa prétention à maîtriser le monde. « Penser, *cogitare*, c'est déjà, pour Descartes, *co-agere*, agir sur le réel en le ramenant à soi, en le réduisant à soi, pour le soumettre à l'examen rationnel et en faire, alors seulement, ressortir la vérité », écrit ainsi Alain Renaut[13].

Trois siècles plus tard, cette prétention à maîtriser le réel est dénoncée par Heidegger : « Réduit à n'être plus qu'un objet pour le sujet qui le "manipule", notamment sous la forme de la technique, le réel tend à ne plus être qu'un "stock" disponible pour l'"usure" que lui inflige la volonté humaine

13. Alain Renaut (dir.), *op. cit.*, p. 45.

d'acquérir sur le monde la plus grande force possible par la maîtrise de toutes les énergies naturelles, y compris celles de destruction[14]. » Au moment de la guerre en Ukraine et de la menace nucléaire associée, ainsi que de la parution d'un nouveau rapport du Giec sur le climat, cet avertissement formulé en 1954 prend une dimension prémonitoire.

À titre individuel, le sujet libre porte donc une responsabilité écrasante dans son destin et les conséquences de son agir dans et sur le monde. Les totalitarismes d'hier et d'aujourd'hui l'entretiennent dans l'illusion d'être déchargé de cette responsabilité en lui proposant, puis imposant, « une et une seule » manière d'être au monde. Pour Heidegger, « l'individualisme démocratique secrète des formes nouvelles d'inhumanité voire de barbarie d'autant plus redoutables qu'elles sont insidieuses et se masquent sous l'apparence d'un processus d'émancipation de l'individualité[15] ».

Cette prescience – si l'on peut dire – du philosophe ne lui a pas épargné un rapprochement avec l'idéologie nazie, qui, précisément, proposait aux individus isolés et désemparés de se fondre dans un modèle prêt-à-porter : l'aryen. Par d'autres voies, le communisme soviétique a délivré une réponse tout aussi mortifère à sa propre critique de l'individualisme pour en arriver à dissoudre l'autonomie du sujet dans l'avant-garde et la dictature du prolétariat.

Plus terre à terre et plus proche de nos métiers, l'irrésistible extension des injonctions de contrôle auxquelles sont soumises nos activités assurantielles relève de cette même idée qu'il est non seulement possible, mais également nécessaire, de protéger les organisations et les dirigeants contre eux-mêmes, contre leur irrationalité humaine, en leur imposant de

14. *Ibid.*, p. 49.
15. *Ibid.*, p. 246.

« tout mesurer », tout procédurer pour éliminer l'incertitude. Et, de fait, nous « éprouvons » dans tous les sens du terme (nous le constatons, le subissons et le mettons à l'épreuve), dans nos instances « démocratiques », la manière dont cette exigence de maîtrise absolue tend à vider de sens nos décisions et dont, au fond, la régulation rêve d'un monde gouverné par le calcul rationnel et les « calculants ».

Comment en arrive-t-on à déployer des trésors d'intelligence pour enserrer ce même sujet que l'on prétend libérer dans les filets de normes qui trouveraient leurs justifications dans le fait même qu'elles soient extérieures à son humanité ? La réponse toute simple est que l'idée de sujet réunit deux dimensions antagonistes (la valeur et l'illusion) et que ce grand écart est source de tensions indépassables mais avec lesquelles il faut pourtant vivre, décider et agir. C'est précisément cette indétermination et la liberté qu'elle m'offre qui donnent de « la valeur » à mon engagement mutualiste. Si celui-ci est déterminé par le calcul utilitariste ou par des injonctions externes, il n'a alors aucune valeur en soi : il ne porte aucune espérance d'agir sur le monde pour le rendre meilleur.

Pour affronter ces tensions sans recourir aux totalitarismes, il n'y a pas d'autre choix que de revenir aux fondements de la démocratie moderne : rien n'est donné d'en haut et donc c'est un droit absolu du sujet de critiquer et de questionner. L'exercice pratique de ce droit est l'étalon de l'autonomie du sujet, de sa liberté et de la vigueur de la démocratie. Mais la démocratie ne peut prétendre protéger les droits des individus considérés isolément sans un minimum d'organisation collective, potentiellement liberticide. L'organisation de cette protection doit donc faire l'objet d'un accord entre ces mêmes individus, ainsi institués citoyens. La politique n'est rien d'autre que l'organisation de la formation de cet accord.

C'est là que les choses se compliquent si l'on veut considérer que, dans une vision libertarienne, par exemple, un agglomérat d'individus uniquement soucieux de leurs droits n'a aucune raison de devoir se soumettre au processus démocratique. Une fois de plus, la réponse pratique à cette question – qui ne cesse de tourner en boucle dans les débats économico-politiques actuels – est dans la conception de l'humain elle-même.

L'un des fondements de l'exigence démocratique serait, selon Habermas par exemple, une éthique de la discussion. Pour celui-ci, la pratique argumentative, incarnée dans les moments délibératifs, n'est pas une simple modalité de règlement des différends mais bien une condition pour « être aux autres », et par là même « être en nous-mêmes », profondément humains, mais aussi profondément libres. Non seulement la démocratie ainsi conçue préserve notre liberté en tant que sujet en relation avec les autres, mais, bien plus, elle nous construit en tant que sujet autonome.

Une mutuelle est précisément l'un des lieux – mais pas le seul, évidemment – où les sujets peuvent, s'ils s'y engagent délibérément, faire l'expérience et l'apprentissage de leur liberté, de leur autonomie dans la relation à l'autre. Nous retrouvons là, au passage, l'une des dimensions de la mission mutualiste : l'éducation – ici l'éducation à la démocratie.

Proximité singulière

Pour autant, l'organisation collective de la défense des droits individuels comme unique source de nécessité de la démocratie argumentative n'est pas sans revers. Le primat de l'individu sur le collectif rend inutiles, voire inquiétants, la rencontre et le dialogue des altérités. Le marché de masse devient alors le lieu quasi exclusif où se noue le lien social.

Pour certains économistes utilitaristes, l'individu n'existe que dès lors que ses énergies et ses désirs peuvent être convertis en euros. L'individu n'a que cette valeur-là. Et c'est la somme de ces valeurs qui permet de mesurer le bonheur collectif. Pour « maximiser le bonheur », le sacrifice de tel ou tel, la liberté de l'un ou l'autre n'ont alors que peu d'importance.

C'est ainsi que Friedrich Hayek – l'une des références du néolibéralisme – a cru pouvoir justifier, un temps, la dictature chilienne d'Augusto Pinochet, qui se proposait de restaurer l'économie de marché, mise à mal, selon lui, par les socialistes sous le gouvernement de Salvador Allende.

John Rawls a produit une critique systématique de cette forme d'utilitarisme qui, au nom d'une égalité abstraite entre les individus, nie leur identité pour en faire des atomes substituables, commensurables. Pour lui, « nous sommes égaux en ce sens que le respect dû à chacune de nos identités propres est identique (égal), mais non pas au sens où l'on pourrait nous échanger les uns contre les autres ». Et donc... « la souffrance des uns ne peut être compensée par l'augmentation du bonheur de certains autres[16] ».

Il ne peut donc y avoir de « comptabilité du bonheur ». Cette affirmation percute directement toutes les tentatives d'ériger le calcul en source ultime de normes. Dans nos activités, la portée de cette affirmation est considérable. Elle introduit ce renversement définitif qui justifie que les mutuelles s'imposent des raisons d'être qui dominent et encadrent l'irrésistible extension des normes prudentielles et des évaluations uniquement financières. Le désencastrement des faits sociaux de l'économie, pour parler comme Karl Polanyi, a notamment

16. John Rawls, *La Théorie de la justice*, Seuil, 1987 [1971].

pour effet de placer la société sous l'emprise de ce qu'Alain Supiot a nommé « la gouvernance par les nombres ».

Bruno Latour, dans un article consacré à la pandémie de covid-19, a pointé les conséquences de cette situation : « Oui, c'est vrai, on ne peut pas calculer bien exactement la productivité des enseignants, des infirmières, des femmes au foyer. Quelle conclusion en tirons-nous ? Qu'ils sont improductifs ? Qu'ils méritent d'être mal payés et de se tenir au bas de l'échelle ? Ou que c'est sans importance, parce que le problème n'est pas là ? Quel que soit le nom que vous donniez à leur "production", elle est à la fois *indispensable* et *incalculable* [...]. Cela veut simplement dire que ces activités appartiennent à un genre d'action *inéconomisable*[17]. »

Et si le véritable enjeu d'une mutuelle était de faire coexister l'économisable et l'inéconomisable ? Nous devons combattre l'idée que l'économiquement mesuré et mesurable serait la seule valeur à prendre en compte, pour deux raisons qui, sémantiquement, s'accrochent au terme même de « valeur ». La valeur est à la fois « ce qui vaut » et « combien cela vaut ». L'économisation a imposé l'idée que, si l'on ne sait pas calculer « combien cela vaut », alors cela signifie que « cela ne vaut pas ».

Comment mesurer la solidarité, l'engagement au profit des autres ? Voilà la question qui nous est posée, tout particulièrement à nous, mutualistes, qui prétendons défendre des valeurs, précisément.

Quand on agit pour la santé – entendue au sens très large –, pour mesurer la valeur de nos offres, la première chose à observer n'est pas leur prix ou leur coût, mais leurs effets sur la vie des personnes concernées. À cet égard, nous ne pouvons donc pas nous contenter de référentiels qui ignorent l'expérience sensible des bénéficiaires.

17. Bruno Latour, « Êtes-vous prêts à vous déséconomiser ? », *AOC*, 2020.

On peut, dès ce stade, relever qu'un sentiment de mieux-être n'est pas objectivement mesurable et qu'il est plus simple, pour l'appréhender, de savoir à quel prix un individu est prêt à acheter les prestations qui ont permis de l'obtenir. Le premier problème, avec la santé, c'est que, souvent, son bénéfice est plus grand pour ceux qui ont le moins les moyens de se l'offrir. Mais le vice de fond n'est pas là. Il vient de ce que, en grande partie, ce qui soigne ne s'achète pas : l'attention que l'on me porte, à moi, individu singulier, être irrationnellement souffrant, est dans bon nombre de cas aussi essentielle à ma guérison que l'empilement de traitements formatés. Si je dois acheter cette attention, alors elle ne vaut plus rien, puisque précisément sa valeur est dans son incommensurabilité.

Alors quoi ? Va-t-on apprécier la qualité de l'attention de mon praticien par des étoiles Google ? Là encore, cette réduction n'a aucun sens puisque, précisément, la valeur de l'attention est dans sa singularité : une singularité par définition impossible à partager, à comparer.

Singularité de l'attention à la singularité de l'autre : ne serait-ce pas la nouvelle formulation possible de la proximité mutualiste ? Quoi qu'il en soit, cultiver cette attention singulière serait une consigne mutualiste à donner aux salariés des plateformes téléphoniques, aux conseillers en agence, aux concepteurs de produits et de services, etc. On mesure l'ampleur de la tâche.

L'action mutualiste déséconomisée a historiquement vocation à se déployer sur d'autres dimensions incommensurables par nature. Citons-en quelques-unes : l'engagement solidaire, entendu comme capacité à entreprendre et/ou à susciter des actions non personnellement profitables, au seul bénéfice des « autres » ; la pratique de la démocratie mutualiste, qui, dès lors qu'elle n'est pas formelle, cristallise la valeur de cet engagement en reconnaissant à celui-ci un droit à la parole ; la démocratie mutualiste, qui porte l'ambition de l'émancipation par la formation, la discussion, l'expression et la reconnaissance des savoirs issus de l'expérience sensible.

Dans les normes comptables actuelles, la prise en compte des valeurs exprimées ci-dessus relèverait au mieux d'une comptabilisation en tant qu'actifs immatériels – actifs qui ne sont jamais reconnus par les régulateurs, notamment parce qu'ils n'ont pas de valeur de marché. Et pourtant, si j'ai la capacité de mobiliser des centaines de bénévoles, est-ce que ceci ne vaut rien ? Si mon engagement attentif – parce qu'il est performatif, comme on dit savamment aujourd'hui – constitue un exemple de solidarité et de démocratie, est-ce que ceci ne vaut rien ? Même le néo-manager le plus libéral me répondra que « oui, cela vaut quelque chose » ; mais il ajoutera immédiatement : « Et tu le mesures comment ? » Si d'emblée j'entre dans son jeu – par exemple en évaluant le nombre d'heures données par les bénévoles multiplié par un taux horaire –, alors, à peine desserré, l'étau utilitariste se referme sur moi.

Pourquoi ? Parce que ce raisonnement évalue le bénévolat à l'aune du temps passé. Le meilleur bénévole sera celui qui donnera le plus de temps, et non la meilleure attention. Parce qu'on ne sait pas évaluer le différentiel de valeur entre l'attention singulière et le service préformaté. De surcroît, ce raisonnement conduit inéluctablement à poser cette question : tous les temps passés au service des autres ont-ils la même valeur ? Faut-il les valoriser différemment selon leur utilité ? Mais quelle utilité ? Celle que l'on sait mesurer selon les critères actuels ? Là encore, piège : le geste du médecin bénévole vaudra alors toujours plus que celui du voisin, porteur de journaux. Et pourtant ! Tout va dépendre... mais de quoi ? D'une chose qui échappe par nature à toute mesure : la dimension symbolique du geste.

Si l'on admet que ce sont les symboliques partagées qui réunissent les humains pour faire société, alors on mesure toute l'importance de ce qui n'est pas pris en compte par la science économique, la valeur de marché, les modèles des actuaires et les raisonnements dérivés de la gouvernance par les nombres.

Pour conclure provisoirement, nous devrions avant toute chose, je pense, nous attacher à comprendre l'effet de nos actions sur les personnes concernées en partant de leur expérience vécue (et non pas de modèles extérieurs à cette même expérience), et la valeur symbolique de l'engagement, support de ces actions, au regard de ce qui fait société (et non de ce qui fait « marché »).

Spéculation philosophique ? Utopie sans lendemain ? Souvenons-nous que les premiers économistes libéraux se vivaient comme des philosophes. Pourtant, ils ont ouvert la voie à des siècles de travaux d'économie calculatoire et de débats jamais achevés sur la pertinence des modèles mathématiques dérivés de leurs spéculations.

Faudrait-il renoncer à imaginer une société « déséconomisée », à travailler sur ce qu'elle pourrait être, sous prétexte de complexité, ou pire, de défaut d'application immédiate ? Ce serait une faute contre l'esprit que d'être moins ambitieux que les premiers libéraux, dont nous dénonçons les épigones néolibéraux et néomanagériaux !

En réalité – à l'exception de quelques ultralibéraux ou libertariens, héritiers d'Hayek ou d'autres –, il est désormais admis (et les neurosciences sont venues apposer une caution scientifique aux deux affirmations qui suivent) que le rapport à l'autre ne se limite pas à la négociation autour d'intérêts divergents d'individus en quête du bonheur, qu'il m'institue en tant que sujet et n'est ni plus ni moins que la condition pour m'autodéfinir comme sujet. Arthur Rimbaud nous en a proposé une formulation : « Je est un autre. » Au-delà, c'est bien dans le double mouvement de reconnaissance de l'autre comme, d'une part, mon égal, ou mieux encore mon semblable, et, d'autre part, comme radicalement autre que prennent racine les allers-retours du dialogue démocratique.

Toute la difficulté de la modernité tient dans cette tension et dans les obligations qu'elle fait naître. J'ai pu ainsi écrire plus haut que la proximité mutualiste pourrait, aujourd'hui, se définir comme « l'attention singulière à la singularité de l'autre ». « Attention singulière » par et dans ce qui nous réunit (par exemple l'accès à la santé) à « la singularité de l'autre » parce que je dois à celui-ci de le « considérer » dans la singularité de son humanité et de ses difficultés, irréductibles à des process, des statistiques, des obligations contractuelles. Il appartient donc à la mutuelle de faire œuvre de proximité en allant au-devant de ses adhérents, de chacun d'eux. La proximité mutualiste signifie désormais « aller vers » (et non plus « venir de »).

Nous sommes donc face à deux valeurs mutualistes « historiques » (engagement et proximité) qui doivent être incarnées par les mutuelles à front renversé : elles ne sont plus la source du mutualisme, elles en sont désormais l'horizon. Elles sont, comme nous l'avons vu, au cœur de tensions irréductibles, mais qui deviennent collectivement vivables, sous l'empire indépassable de la démocratie argumentative.

Retour sur la démocratie

La démocratie n'a été longtemps invoquée que comme un moyen pour les nations de refonder un vivre-ensemble et, pour ce qui concerne les mutualistes, de s'accorder sur leur raison d'être. L'obligation démocratique se limite-t-elle à cet impératif hypothétique? Habermas vient apporter un éclairage[18]. Selon lui, «il faudrait reconsidérer aujourd'hui dans toute son ampleur, de manière à redonner sens à l'idée de "vérités morales", le problème de l'éthique, quitte à en déplacer fortement certaines données: de tels déplacements engageraient notamment la détermination du lieu où se joue la validité de la plupart des énoncés moraux – un lieu qui ne serait plus tant la conscience morale même que la relation à la faveur de laquelle l'ensemble des personnes concernées par un choix éthique débattent de ce qu'il faut faire».

La démocratie serait donc ce lieu de formation de la conscience morale. Mais peut-on s'y retrouver collectivement avec pour seule conviction partagée la formule de Sartre (lui-même paraphrasant Dostoïevski): «Tout est permis si Dieu n'existe pas»? Ma réponse est négative. Mais elle ne clôt aucun débat, bien au contraire: elle ouvre tout un champ de questionnements.

La raison d'être mutualiste: la solidarité

Le premier débat porte sur la validité de ce postulat: un jugement moral partagé est-il nécessaire pour faire relation, pour faire mutualité? Un élément de réponse se trouve, une fois de plus, dans une conception de la nature humaine et de son rapport au monde et aux autres.

18. Alain Renaut (dir.), *op. cit.*, p. 753.

La conception « contractualiste » de la mutualité suppose un individu à la fois libre de son choix et de ce qu'il doit aux autres. Elle s'incarne dans une relation tissée de contraintes réciproques librement choisies. Mais, pour espérer établir cette libre réciprocité des contraintes, ne faut-il pas s'accorder sur un principe (un impératif catégorique) dont la validité surplombe les considérations utilitaristes, les normes et les critères de prudence et d'efficacité ? En l'absence d'hétéronomies, il appartient en réalité aux humains modernes de retrouver les lieux et les pratiques qui les solidariseront autour de ces contraintes.

Émerge alors enfin la toute première valeur de la mutualité : la solidarité ! Quel est son contenu ? Sa consistance ? Serait-ce elle qui déterminerait l'impératif moral mutualiste ? Cette interrogation est existentielle pour la mutualité. Chacun, selon ses convictions, y répondra différemment. Personnellement, m'étant défini en introduction comme rationaliste, mais ni utilitariste ni conséquentialiste, où irai-je chercher la loi morale ? Kant est venu, si j'ose dire, à mon secours : « Si je ne peux pas me représenter qu'un but que je poursuis pourrait être poursuivi par tous les autres sujets sans porter atteinte à la dignité de certains d'entre eux, ce but ne remplit pas les critères d'un but moral[19]. » Kant serait-il le premier théoricien du mutualisme ?

Mais comment savoir si je « porte atteinte » aux autres sans échanger avec eux ? La discussion argumentative est là encore une condition indépassable de mise en jeu du choix moral. Cela signifie donc – une fois de plus et singulièrement dans la mutualité – que la démocratie n'est pas une option, mais une condition première de l'accord autour de la solidarité.

19. Alain Renaut (dir.), *op. cit.*, p. 757.

Kant, dans *Critique de la raison pratique*, complète l'universalité par le principe suivant: «Agis de telle sorte que tu traites l'humanité, soit dans ta personne, soit dans la personne d'autrui, toujours en même temps comme une fin, et que tu ne t'en serves jamais simplement comme un moyen[20].» Je ne pense pas qu'il soit nécessaire d'expliciter plus avant la portée de ce principe. En revanche, son application dans la mutualité pourrait donner lieu à de très longs développements. Par exemple, elle ouvrirait une voie spécifique sur les obligations sociales des employeurs mutualistes envers leurs salariés – sujet en friche depuis la nuit des temps mutualistes.

Enfin, Kant nous dit: «Agis comme législateur dans le règne des fins[21].» Cette phrase, ici et pour nous, signifie que notre obligation est de construire notre projet mutualiste en choisissant de nous imposer (l'oxymore est volontaire et donne la mesure de la complexité de l'opération) des buts conformes à cette loi morale.

Évidemment, et le reproche en a abondamment été fait à Kant, dans le monde réel, la position morale peut être impossible à tenir. La tentation est grande alors de nous retirer du monde, par exemple en nous repliant sur des activités strictement philanthropiques. Mais ce serait, en référence à Charles Péguy et à Jean-Paul Sartre, ne pas avoir les mains sales parce que l'on n'aurait pas de mains.

Pour des organismes dont nous avons affirmé qu'ils n'avaient de nécessité que s'ils pesaient sur le monde, cette posture n'est pas une option; un impératif spécifiquement mutualiste s'ajoute à ceux de Kant: être utile aux autres dans son métier, tel qu'il est possible de l'exercer dans le monde d'aujourd'hui, aussi imparfait soit-il.

20. Emmanuel Kant, *Critique de la raison pratique* [1788], dans *La Raison pratique. Textes choisis*, PUF, 1956, p.85-86.
21. *Ibid.*, p.87.

Affronter la difficulté d'être vertueux dans un monde imparfait n'est pas à déplorer : c'est en effet la source même du mutualisme. Sans l'imperfection du monde, nous ne serions utiles en rien. Par chance, si je puis dire, pour nous y retrouver sans nous perdre, pour nous guider sans errer indéfiniment, nous avons nos valeurs et notre raison d'être. Appuyée sur ces considérations, la loi morale mutualiste, sa raison d'être, pourrait alors s'exprimer ainsi : « Être universellement utile, sans jamais utiliser les humains seulement comme des instruments mais en les posant toujours comme fin, et sans jamais sacrifier inutilement nos valeurs. » Une raison d'être exigeante.

QUATRIÈME PARTIE

QUEL MUTUALISME DEMAIN ?

Une fois esquissées les formulations d'une raison d'être et de valeurs, quel avenir pour le mutualisme ? En réalité, il existe plusieurs avenirs au mutualisme, ou plus exactement à la forme mutualiste. Je me suis volontairement limité à trois trajectoires, dont la troisième, la plus exigeante, porte la raison d'être proposée juste avant. Les deux premières sont possibles, probables, mais les exigences qu'elles posent sont très en retrait de celles «imposées» par cette raison d'être. Cette troisième trajectoire est-elle utopique ? J'ai choisi de traiter cette question - essentielle - en la confrontant à un philosophe actuel qui propose de renverser les doxas des pseudo-modernes, héritées entre autres du rationalisme kantien.

L'idée est, là aussi, de remettre en question. Mais cette fois, ce sont mes propres propositions qui sont sur le gril.

CHAPITRE 15
Les avenirs du mutualisme

S'esquissent donc trois trajectoires possibles pour le mutualisme.

Scénario 1 : les rois fainéants

J'emprunte cette expression à un acteur éminent de la mutualité qui qualifie ainsi ses dirigeants. Que l'on se comprenne bien : l'expression « fainéant » ne signifie pas qu'ils se laissent vivre dans le confort de leur fauteuil présidentiel. Non, ils travaillent, mais avec les outils conceptuels des autres. L'expression signifie qu'ils ne font pas l'effort de penser leurs devoirs spécifiques de mutualistes. En l'absence de cet effort, l'utilité de la forme mutualiste est donc évaluée sur des critères extérieurs à elle qui, pour aller vite, sont fixés par les consuméristes, les financiers et les régulateurs.

Passons sur la question de la validité interne de ces indicateurs au regard des impacts qu'ils prétendent mesurer. Nous sommes ici dans une posture utilitariste : la forme mutualiste est-elle, sur son marché, plus efficace qu'une autre, qu'elle soit capitaliste ou non lucrative ? Si la réponse est oui, sa survie et son développement se justifient. Si la réponse est non, alors sa disparition est inévitable. Dans les deux cas, la mutualité n'a que peu d'impact sur le cours des choses.

En effet, même si la survie est possible dans ces conditions, que reste-t-il du mutualisme ? Il reste la liberté de hiérarchiser les critères de performance : satisfaction adhérent, augmentation du taux de couverture des fonds propres, taux de redistribution des cotisations, résultat comptable, etc. La spécificité mutualiste s'incarnera dans cette hiérarchisation, mais encore faut-il qu'elle soit mise en débat démocratiquement.

Quoi qu'il en soit, dans cette conception, on peut imaginer que la forme mutualiste en assurance aura le même impact que dans la banque : constitution de très grands groupes pilotés, peu ou prou, par les mêmes indicateurs que leurs concurrents capitalistes et en concurrence frontale avec eux sur tous les terrains. En France, les banques coopératives sont dominantes et cela n'a, en réalité, changé que peu de choses à la relation bancaire et rien du tout à la finance mondiale. Les rares organismes ayant développé des modèles sensiblement différents restent en marge ou sous domination d'un plus grand. Une offre comme le compte Nickel (possibilité d'ouvrir un compte bancaire sans aucun contrôle préalable de solvabilité), par exemple, solution alternative innovante à destination des exclus du système bancaire, s'est retrouvée absorbée par un grand groupe capitaliste pour en capter, selon les affirmations d'un dirigeant dudit groupe, les innovations et les mettre à disposition de ses clients solvables.

Dans ce scénario, ne subsiste du mutualisme, en réalité, que la forme démocratique, mais sous tutelle extérieure.

Scénario 2 : les entrepreneurs naïfs

Un courant de pensée managérial développe l'idée qu'il est possible d'humaniser et d'écologiser le capitalisme. C'est sur cette conviction que se multiplient des référentiels de vertu

(ISR, ESG, ISO 26000, entreprises à mission ou à impact...) et conjointement des prises de paroles (ou d'écrits) de dirigeants mutualistes avec la même préoccupation : montrer par l'exemple qu'il est à la fois possible d'être efficace selon les critères du marché et de contribuer à rendre notre monde plus habitable.

Sur cette trajectoire, cependant, la compétition entre mutualistes et capitalistes se joue en match aller sur le terrain économique et, accessoirement, en match retour sur celui de la vertu. Les règles du jeu de cette compétition sont, là aussi, externes au mutualisme (tel que je l'ai défini). Le match aller est joué sur le terrain de l'adversaire : strictement économique, consumériste, prudentiel. Il faut avoir au minimum fait match nul à l'aller pour avoir le droit de jouer le match retour (c'est-à-dire être au moins au même niveau de performance sur des indicateurs qui ne sont pas les nôtres). Le résultat du match retour sur le terrain de la vertu dépend essentiellement des arbitres et non de la qualité du jeu. Ce sont la loi, les régulateurs et le marché qui décident de ce qui est utile et nécessaire pour faire vertu. Dans ce scénario, on ne peut pas exclure que les règles changent sous la pression sociale et que les matchs retour soient enfin aussi déterminants que les matchs aller.

Un des engagements de la posture mutualiste – et ceux qui prennent la parole sur le sujet l'incarnent – est de militer pour ce changement de règles. S'il se produit, il sera urgent pour les rois fainéants de muscler leur jeu sur les lignes de la vertu, car la compétition sera féroce et je ne doute pas que les groupes capitalistes sauront s'adapter aux nouvelles règles sans rien sacrifier de leurs forces en matière de rentabilité et d'efficacité.

Dans tous les cas, ce scénario semble préférable du point de vue social et environnemental au précédent. Suffira-t-il à réhumaniser le monde et à le rendre écologiquement vivable ? Personnellement, j'en doute, mais je me suis lassé des démonstrations déconstructives. Je laisse ce débat à d'autres.

Quoi qu'il en soit, les deux avenirs ci-dessus sont possibles, probables, sans qu'il soit possible aujourd'hui de savoir lequel l'emportera. En revanche, le suivant reste largement hypothétique.

Scénario 3 : les utopistes invétérés

Je classe dans cette catégorie les porteurs de la vision du mutualisme que j'ai développée précédemment. Elle a pour prétention d'enclencher un mouvement qui va au-delà d'un changement des règles du jeu : il s'agit de changer de jeu.

Le philosophe Michaël Fœssel, dans son ouvrage *Quartier rouge. Le plaisir et la gauche*, conclut ainsi une des parties du chapitre « Réaliser le paradis » : « La focalisation sur les règles du jeu assigne les individus à une exigence morale (et langagière) telle qu'elle les prive souvent de la possibilité d'inventer des jeux alternatifs[22]. » Les mutuelles auraient-elles pour mission d'inventer ces nouveaux jeux dans lesquels le marché, sa rationalité et sa préservation ne fixent plus les règles ? Est-il réaliste d'imaginer qu'elles le puissent, et sous quelles conditions ? La raison d'être proposée précédemment aide-t-elle à en définir les règles ?

Tout autour de nous, les valeurs de solidarité, de démocratie, de proximité et d'engagement sont de plus en plus désirables et désirées[23]. Mais plus personne – ou presque – n'estime les mutualistes qualifiés pour les porter. Pouvons-nous rêver d'être les leaders, l'avant-garde du changement de

22. Michaël Fœssel, *Quartier rouge. Le plaisir et la gauche*, PUF, 2022, p. 81.
23. Pierre Bréchon, Frédéric Gonthier et Sandrine Astor (dir.), *La France des valeurs. Quarante ans d'évolutions*, Presses universitaires de Grenoble, 2019.

paradigme ? Et donner corps à cette affirmation selon laquelle nous sommes un mouvement ? Les horizons de ces interrogations débordent et bousculent les réflexions menées jusqu'ici, et ce à plusieurs niveaux.

D'abord, la nécessité de changer le monde va bien au-delà, aujourd'hui, des territoires d'intervention de nos mutuelles. Il est significatif que, dans tout ce qui précède, j'ai à peine effleuré la question écologique. Je suis resté sur une vision anthropocentrée des ressorts et des fins de notre action. Or peut-on faire l'impasse sur les renversements proposés par Bruno Latour et d'autres comme conditions d'un monde habitable ?

Ensuite, même en restant sur la posture kantienne de prééminence du sujet humain, il est clair que, dans le mouvement mutualiste, l'expression de la raison d'être et des valeurs que je propose est marginale. Mon sentiment est qu'elle le restera durablement.

Troisièmement, il nous faut admettre que les alliés et les camarades de jeu des mutualistes utopistes ne sont plus naturellement les autres mutualistes, mais l'ensemble des « marginaux » qui veulent changer le monde pour que celui-ci soit universellement habitable demain.

Enfin, faut-il pour autant renoncer à agir autrement dès aujourd'hui ? Si nous suivons Bruno Latour, nous devons urgemment démontrer par l'expérimentation qu'il est possible, là, tout de suite, à notre niveau, aussi limité soit-il, de changer de jeu et que ce changement local apporte la démonstration qu'un autre jeu est possible, mais également désirable. Nos actions mutualistes deviennent alors des actes politiques.

Poser ces affirmations revient tout simplement à retravailler ce que pourrait être une mutualité en mouvement, pour la resituer au cœur d'enjeux qui dépassent son objet social.

Mes esquisses de définition de la raison d'être et des valeurs résistent-elles à la confrontation avec ces enjeux ? Pour en éprouver la robustesse, je vais les soumettre aux interrogations de Bruno Latour, précisément.

CHAPITRE 16
À l'épreuve de Bruno Latour

Lorsque l'on se demande, aujourd'hui, ce que serait un monde habitable, le sociologue et philosophe Bruno Latour est en effet incontournable. Pour Latour, les ennemis de classe d'aujourd'hui sont tous ceux qui, assis sur l'idéologie de la production, exploitent le monde, réduit à être « le monde dont on vit », alors que l'urgence est de vérifier que nous ne sommes pas en train de saccager « le monde où l'on vit ».

Emmanuel Kant – ou plutôt sa vision de l'homme rationnel, seul maître de la définition du bien – est l'un de ces adversaires parce qu'il a posé les justifications de la prétention de l'homme à maîtriser le monde, réduit à une ressource à exploiter, alors que, pour Latour, nous sommes « dans le monde » au même titre que tous les vivants et les objets (créés par nous ou non) : chacun de ces « êtres terrestres » agit, interagit, rétroagit dans des directions tellement multiples qu'elles sont immaîtrisables, y compris par la science. Et nous devons donc composer avec tous ceux-là au lieu de tenter de les soumettre.

Même en reniant Kant, la question reste de savoir dans quel camp – du point de vue de Bruno Latour – me rangent mes formulations de la raison d'être mutualiste et des valeurs (terme que ce dernier remet sur le devant de la scène dans la dimension anthropologique de ses travaux). Bien entendu, ce type de confrontation ne devrait pas se limiter à Latour, mais être étendu à tous ceux qui questionnent, au fond, les idéologies dominantes. Néanmoins, afin de ne pas nous entraîner trop loin, je m'y cantonnerai pour l'exemple, même si, ultérieurement, je m'ouvrirai brièvement à Michaël Fœssel. Je pourrais aussi citer Karl Polanyi (que Latour appelle à la rescousse) ou Francis Wolff, dont je ne suis pas certain que l'humanisme universaliste siérait à ce même Latour. Et tant d'autres...

Certains marxistes ont largement critiqué Bruno Latour parce qu'il fait l'impasse sur les logiques du capitalisme, qui, selon eux, seraient la source de ce qu'il dénonce. Je serais évidemment ravi d'échanger avec eux, comme avec des libéraux. J'y mets, dans les deux cas, une seule limite : ne partez pas du principe que la « vérité » est dans un sens de l'histoire (pour les marxistes) ou dans un ordre naturel des droits individuels (pour les libéraux). Acceptez de dévoiler votre conception du monde et de l'être humain, et autorisez-nous à la discuter.

Revenons à cette question existentielle du début : pourquoi confronter le mutualisme à la philosophie et, en l'occurrence maintenant, à la pensée de Bruno Latour ? Tout simplement parce que, si ses questions sont pertinentes, il est urgent de se demander si la mutualité ne se trouve pas hors des enjeux du moment et de demain, ou pire, dans le mauvais camp. Parce qu'alors toutes nos prétentions à incarner des valeurs et un mouvement social sont ou bien ridicules (si nous sommes hors-jeu) ou bien néfastes (si nous sommes du mauvais côté).

Le premier enseignement de ce qui précède est donc que le mouvement mutualiste ne peut pas faire l'économie d'une clarification de son positionnement. S'il se limite à la défense des intérêts de ses membres (les mutuelles en tant qu'organisations), il peut s'épargner de tels questionnements, mais non se réclamer de valeurs universelles. S'il prétend ontologiquement être utile au monde, il doit s'outiller pour vérifier qu'il l'est en confrontant sa raison d'être aux idées d'autres qui ont la même prétention.

Cet outillage doit permettre de documenter les trois conclusions de la posture utopiste, reformulées comme suit. D'abord, nous ne pouvons pas prétendre avoir à dire et encore moins agir sur tous les problèmes du monde. Nous devons préciser où, quand et comment nous sommes utiles et comment cette utilité locale participe d'une utilité plus globale.

Ensuite, nous devons admettre de devoir dire et agir avec d'autres. Ces autres, ces « amis » (pour parler comme Latour), sont tous ceux qui veulent changer le jeu pour construire un monde durablement habitable. Les « ennemis » sont tous ceux pour qui l'action n'a de sens que subordonnée à la croissance de la production par l'exploitation du monde dans lequel nous vivons – humains compris. Tous les mutualistes ne sont pas dans le même camp de ce point de vue. Mettre en évidence les nouvelles lignes de fracture entre amis et ennemis est une absolue nécessité si nous voulons éviter les confusions.

Enfin, réaffirmons une fois de plus que nous ne serons crédibles – y compris à nos propres yeux – que si nous acceptons d'incarner nos « dire » dans nos « agir ». Les critères d'évaluation des impacts de cette incarnation doivent également et urgemment être repensés si nous ne voulons pas, une fois de plus, courir après ceux élaborés par nos « ennemis ».

Entrons maintenant dans la confrontation. Dans ce qui suit, je reprends certaines des questions formulées par Bruno Latour et Nikolaj Schultz dans leur ouvrage *Mémo sur la nouvelle classe écologique*. D'emblée, pour rebondir sur la nécessité de spécifier nos champs d'intervention, nos amis/ennemis et nos critères d'utilité, les auteurs notent : « Décrire, ce n'est pas seulement se voir de l'extérieur, objectivement, c'est aussi se repérer et s'orienter avec et contre les autres en train de procéder aux mêmes épreuves d'auto-descriptions[24]. »

Le travail de documentation évoqué ci-dessus est donc tout sauf un travail en chambre, mais bien une façon d'être présent au monde pour « faire mouvement » dans les deux sens du terme : avancer et mobiliser.

Quels amis ? Quels ennemis ?

Dans le même ouvrage, les auteurs pointent la nécessité de « prendre en compte, en plus de la reproduction des conditions matérielles favorables aux humains, les conditions d'habitabilité de la planète Terre[25] ». Sur le champ de l'accès des humains à la santé, par exemple, nous serions légitimes à nous exprimer sur ces conditions, puisqu'il est indéniable que la santé de la planète et celle des humains sont indissolublement liées. Force est de constater que nous, mutualistes, ne sommes guère actifs sur ce terrain et n'avons pas su tisser de liens avec des amis potentiels (défenseurs de la nature, agriculteurs bio, etc.) sur ce combat. Nous n'osons pas non plus désigner comme ennemis certains de nos clients (entreprises), de nos interlocuteurs (l'État et ses agences), voire de nos partenaires (les assureurs, sociétés de capitaux).

Sans oser imaginer là tout de suite (mais demain ?) entrer en guerre contre tous ces acteurs, dévoiler les clivages pourrait être un premier pas : par exemple, en travaillant sur les

24. Bruno Latour et Nikolaj Schultz, *Mémo sur la nouvelle classe écologique. Comment faire émerger une classe écologique consciente et fière d'elle-même*, Les Empêcheurs de penser en rond, 2022, p. 88.
25. *Ibid*, p. 23.

conditions d'une prévention environnementale et professionnelle qui questionne les impacts de l'État, des entreprises, des bailleurs, etc.

Symétriquement, ces mêmes terrains permettraient d'identifier nos alliés. En effet, comme le soulignent Latour et Schultz : « Il y a [...] mille liens qui ont été rompus et que de nombreux "travailleurs de la preuve" seraient prêts à renouer. À cette liste qui ne cesse de s'allonger, il faudrait ajouter tous les activistes, militants, gens de bonne volonté, citoyens ordinaires, paysans, jardiniers, investisseurs, explorateurs à un titre ou à un autre, sans oublier tous ceux qui ont vu leur territoire disparaître sous leurs yeux[26]. » Dans notre champ, nous pourrions ajouter tous ceux qui travaillent dans la santé, le soin, l'attention aux autres, dont la pandémie de covid a montré qu'ils étaient plus qu'essentiels et si mal entendus. Cependant, nous ne devons pas céder à la facilité d'essentialiser nos amis et nos ennemis, une fois pour toutes désignés comme tels, au risque de passer à côté de ce qui est le fond de la question originelle : qu'est-ce qui fait qu'« avec » ou « contre » nous sommes plus utiles que dans un superbe isolement ?

Quels critères d'utilité mutualiste ?

Bruno Latour et Nikolaj Schultz font leur l'appel de Karl Polanyi à résister à l'économisation de la société. Quand je reprends l'affirmation kantienne selon laquelle l'homme doit être conçu toujours comme une fin et jamais seulement comme un moyen, je pose une digue pour contenir l'évaluation de nos activités par les indicateurs des idéologues de la performance productive, consumériste ou financière de court

26. *Ibid*, p. 60.

terme. Abandonner ces critères pseudo-modernes au profit de mesures de l'utilité pour les humains serait déjà un pas colossal. Ce pas franchi, nous pourrions aller au-devant de tous ceux qui œuvrent à changer le monde.

Il n'est pas trop tard pour prendre notre part dans ce travail de déconstruction/reconstruction. Au passage, à peine entrepris, il nous mettra en position de force idéologique dans les discussions et les négociations avec les classes dirigeantes actuelles, dont la prétention à nous dire ce qui est « bien pour nous » n'a d'égale que leur incapacité à anticiper les catastrophes que leur prétendu rationalisme économique a engendrées.

La proximité ? Encore elle !

Selon Latour et Schultz, « l'usage de la métrique classique qui permet de passer du local au global a perdu tout sens [...]. C'est ce redoutable changement d'échelle qui est imposé par les besoins de la production qui structure tous les rapports par la question fatale : *"Is it scalable*[27] *?"* ». Au fond, la formule que j'utilise pour décrire la proximité mutualiste comme « attention singulière à la singularité de l'autre » impose les mêmes exigences de repenser les métriques. Les indicateurs de pilotage de la performance, les calculs actuariels fondés sur des moyennes et des écarts types, la loi des grands nombres, qui dissolvent l'humain dans une « valeur mathématisable », n'ont aucun sens de ce point de vue.

27. « Est-ce généralisable ? », *ibid*, p. 81.

La non-lucrativité : quelle évidence ?

Latour et Schultz s'interrogent également sur les questions de propriétés et de biens communs. Pour des sociétés de personnes à but non lucratif, dont les fonds propres n'appartiennent à personne en particulier, cette interrogation ne peut laisser indifférent. Notre raison d'être ou nos valeurs n'en seraient-elles pas les véritables propriétaires ?

Cette affirmation a des conséquences pratiques très lourdes. Pour n'en citer qu'une : quand une mutuelle disparaît, ses *boni* de liquidation doivent réglementairement revenir à d'autres mutuelles. Et si celles-ci ne sont pas des amies ? Si elles ont oublié leurs valeurs ? Et si ces valeurs sont portées par des personnes qui ne sont pas mutualistes, celles-ci ne seraient-elles pas plus légitimes à bénéficier de ces *boni* ?

Aller à la rencontre de ceux qui tentent de penser un monde habitable pour demain nous conduit à poser en des termes nouveaux des questions originelles du mutualisme.

Le mouvement ? Pour aller où ?

Latour et Schultz soulignent : « L'obligation de rabouter le monde dont on vit avec le monde où l'on vit oblige à penser le sens de l'histoire non pas comme un mouvement vers l'avant [...], mais comme la multiplication des manières d'habiter et de prendre soin des pratiques d'engendrement[28]. » Cette idée de « multiplication des pratiques » percute un grand nombre de logiques à l'œuvre dans notre secteur : concentration, accumulation, économies d'échelles, « processisation »... Les résistances sont telles que les initiatives innovantes qui pullulent dans l'univers mutualiste

28. *Ibid*, p. 48-49.

ne font jamais système, ni même école. Connecter ces pratiques entre elles, nous ouvrir à d'autres pourrait être l'une des missions du mouvement. Comment ? La question reste à ce jour sans réponse. Peut-être tout simplement en commençant par provoquer des points de contact, des échanges non utilitaristes.

Que faire ?

L'ampleur de la tâche est telle que la rationalité morale, les alertes des scientifiques et l'exemplarité d'initiatives isolées ne suffiront pas à déclencher la recomposition politique nécessaire pour changer le jeu, que ce changement soit, comme Bruno Latour le souhaite, au profit d'un monde habitable ou, comme je l'ai esquissé, au profit des humains.

Si la posture philosophique de Bruno Latour n'est pas la mienne, elle a la vertu de renouveler radicalement des questionnements anciens, et cette radicalité fait aujourd'hui cruellement défaut au mouvement mutualiste.

Mais où sont-ils, ceux avec qui et pour qui œuvrer à un monde vivable ? Pour Latour et Schultz, « les luttes qui avaient l'air de se situer dans les marges sont toutes devenues centrales pour la survie de tous. Étonnant renversement qui fait de chaque ci-devant marginal le vecteur d'un combat qu'il va falloir mener, mais avec beaucoup de monde[29]. » Le mouvement mutualiste, riche de son histoire, de ses valeurs partagées et pour quelque temps encore d'envies militantes, peut se donner pour horizon d'aller chercher ses amis dans les marges. C'est là qu'il faut regarder pour donner du sens à l'affirmation que nous sommes un mouvement social et reconquérir une utilité sociale spécifique.

29. *Ibid*, p.75.

Les valeurs seront à la fois nos passeports et nos offrandes à tous ces amis que nous ignorons et qui nous ignorent encore. Et pour leur démontrer que nous les incarnons, je mets une proposition en débat : faisons de la vie de nos valeurs une fonction clé de notre gouvernance mutualiste ! Que signifient la démocratie, la solidarité, la proximité et l'engagement pour chacun de nous, dirigeants mutualistes ? Au fond ? De manière « tripale » ? Comment ces valeurs façonnent-elles notre rapport à l'autre, non pas comme entité abstraite mais comme être réel, charnel, incarné dans ses attentes, ses désirs, ses difficultés ? Comment l'écouter ? Mais surtout, pourquoi l'écouter ?

La magie de nos assemblées générales unanimistes étouffe les voix de chacun. Nos formes de démocraties représentatives gomment les expériences singulières. Légitimés par des élections jouées d'avance, nous, dirigeants, exerçons un pouvoir que nous avons conquis dans les couloirs de nos institutions. Pas dans la confrontation avec des individus concrets, des attentes incarnées.

Cette abstraction nous donne un sentiment de surplomb qui, très vite, peut se transformer en sentiment de supériorité. Qu'en est-il alors de notre implication personnelle pour la démocratie, l'engagement, la proximité et la solidarité ? Toutes ces valeurs qui ne prennent sens que dans l'incarnation et la pratique. Par chance, les process, les réglementations, les normes et les directives nous permettent d'éluder la question : nous avons tant à faire avec elles que la discussion sur le contenu de notre engagement mutualiste est reléguée à un niveau de priorité extrêmement bas dans nos emplois du temps. Dans la cartographie des risques mutualistes, je n'ai jamais trouvé le risque de défaut de proximité, de démocratie ou de solidarité. Pour nous débarrasser des armures réglementaires qui tiennent nos adhérents à distance, si nous nous réclamions d'une nouvelle valeur ? L'humilité, comme antidote absolu à l'*hubris* tant redoutée des Grecs anciens.

Pour paraphraser Michaël Fœssel, « le luxe mutualiste[30] » promeut un partage égalitaire *effectif* des beautés architecturales. Le luxe du mutualiste, ce sont ses valeurs ; elles sont à partager et, pour que ce partage soit « effectif », il faut qu'il soit en effet égalitaire, c'est-à-dire ouvert, exposé, démontré à tous et pour tous. Il ne descend ni du ciel, ni du calcul, ni d'une rationalité transcendante : il est mis à la portée et à la question de tous, parce que, mutualistes ou pas, nous partageons cette envie, cette appréciation de la beauté d'un monde qui se construit (et non qui « est » construit) sous les regards de tous. Et cette mise à la portée n'est possible que si nous avons l'humilité de nous exposer tels que nous sommes.

30. Michaël Fœssel, *op. cit.*, p. 196.

CONCLUSION
Retour au plaisir

Face à la montagne d'interrogations à peine effleurées, de réponses à peine esquissées et de développements inachevés qui précèdent, je dois urgemment choisir mes amis et me garder de mes ennemis pour espérer avancer. Mais, au fond, mon pire ennemi n'est-il pas en moi-même ? Il m'assaille de questions : qui es-tu pour donner des leçons ? En disant ceci ou cela, ne prends-tu pas le risque de faire le lit de telle ou telle idéologie, de telle ou telle posture que tu affirmes combattre ? Crois-tu pouvoir embarquer tes mutuelles dans telle ou telle direction alors que tu ne sais pas où cela va te mener ? Et tu nous parles d'humilité ? Et comme cet ennemi a raison ! Devant tant d'indétermination, pourquoi et pour quoi s'évertuer à prétendre piloter des mutuelles autrement ? Où puiser l'énergie d'y réfléchir et d'essayer encore et encore ?

Cependant, un ami, un autre moi-même, me rappelle que mon « truc à moi » n'est pas la spéculation, le brassage des idées. Mon truc, c'est l'aller-retour entre la théorie – même bancale – et la pratique, même si elle ne clôt jamais les questionnements. Et cet ami me rappelle les shoots aux utopies proposés en ouverture. Mais l'ennemi lui répond : ces plaisirs sont-ils bien raisonnables ?

Sur le chemin de ces doutes, devant la vitrine kantienne, j'ai croisé Michaël Fœssel et son *Quartier rouge*, sous-titré

Le plaisir et la gauche[31]. Pour l'auteur, ce sont les plaisirs collectifs qui seront le moteur des engagements pour changer le monde. Et le premier de ces plaisirs, pour lui comme pour moi, est de s'affranchir de l'étau des contraintes pour – comme il le relève à propos des chants des ouvrières en grève de 1936 – redécouvrir « le plaisir proprement inespéré de transformer un lieu de servitude en un espace joyeux ». « Joyeux » est le mot essentiel de cette phrase. Car si nous, mutualistes, aboutissions à remplacer les injonctions « inhumaines » des régulateurs, du marché ou des financiers par une ascèse mutualiste cloîtrée dans ses valeurs ou perchée sur la colonne de sa raison d'être, nous aurions dramatiquement manqué notre coup.

Comme le souligne Michaël Fœssel : « Même réputée de gauche [pour nous, "réputée mutualiste"], l'ascèse demeure un vecteur de l'individualisme bien plus puissant que l'hédonisme. Son injonction à nous rendre individuellement purs dans un monde qui ne l'est pas est rédhibitoire pour toute ambition collective. »

Alors, avec le philosophe, affirmons que, « devant l'imminence du désastre, et dans le but de le conjurer, il est temps de lui préférer les éclats de rire, le jeu et toute autre forme d'allégresse susceptible de convaincre, malgré tout, que la fête n'est pas finie ». Car « le plaisir substitue l'affirmation à la revendication. En ce sens, il désigne une manière non utopique de se tenir à la marge des normes du pouvoir ». Nous retrouvons ici un peu de Bruno Latour pour affirmer ensemble que le salut viendra des marges et que nos amis sont sans doute les petits.

Je conclus donc positivement – mais, je le crains, très provisoirement – cette réflexion sur une nouvelle formulation

31. Michaël Fœssel, *op. cit.*

de ma raison d'être mutualiste, tout en ayant profondément conscience du poids de chacun de ces mots destinés à irriguer nos démocraties : « Se tenir à la marge des normes du pouvoir en éprouvant le plaisir d'être universellement et collectivement utiles aux humains, seules fins de nos engagements. »

ÉLÉMENTS DE BIBLIOGRAPHIE

Ne sont repris ici que les quelques ouvrages explicitement cités. Le champ des lectures qui ont alimenté mes questionnements est bien plus large. Il s'étend à d'autres supports que les livres, notamment les podcasts de France Culture, que je recommande vivement à tous ceux que l'aridité – réelle ou anticipée – de l'écrit philosophique peut rebuter.

François Châtelet, *Une histoire de la raison. Entretiens avec Émile Noël*, Points, 2015.

Michaël Fœssel, *Quartier rouge. Le plaisir et la gauche*, PUF, 2022.

Bruno Latour et Nikolaj Schultz, *Mémo sur la nouvelle classe écologique. Comment faire émerger une classe écologique consciente et fière d'elle-même*, Les Empêcheurs de penser en rond, 2022.

Alain Renaut (dir.), *Leçons de la philosophie*, Odile Jacob, 2018.

Jérôme Saddier, *Pour une économie de la réconciliation. Faire de l'ESS la norme de l'économie de demain*, Les petits matins, 2022.

Alain Supiot, *La Gouvernance par les nombres*, Fayard/Pluriel, 2020.

REMERCIEMENTS

À tous ceux qui, par leurs exigences dans leurs questionnements, ont permis à mes envies d'écrire de germer : Ana, Baptiste, Camille, Fanny, Fayçal, Jean, Jean-Philippe, Jacques, Luc, Marie, Marion, Maxime, Nicolas, Pierre, Renaud, Thierry et tant d'autres...

Merci pour leur soutien à :

Olivier Legrain et

ess France

aéma GROUPE

le labo DE L'ECONOMIE SOCIALE ET SOLIDAIRE

Alternatives Economiques Association

Mondes en transitions

Collection dirigée par Camille Dorival

Déjà parus :

Thierry Jeantet, *Économie sociale et solidaire : la clé des possibles*, 2021

Timothée Duverger, *Utopies locales. Les solutions écologiques et solidaires de demain*, 2021

Arnaud Lacan, *À la reconquête du travail durable. L'économie sociale et solidaire en pionnière*, 2021

Camille Dorival, *La Transition écologique ici et maintenant !*, 2021

Sébastien Chaillou-Gillette et Stéphane Pfeiffer, *Un « notre monde » est possible*, 2022.

Jérôme Saddier, *Pour une économie de la réconciliation. Faire de l'ESS la norme de l'économie de demain*, 2022

Bastien Sibille et Hugues Sibille, *Être radical. Dialogue entre deux générations pour transformer l'économie*, 2022

Jean-Christophe Sarrot avec Annaïg Abjean, *Repenser l'emploi avec les Territoires zéro chômeur de longue durée*, en coédition avec les éditions Quart Monde, 2022

Robert Boyer, *L'Économie sociale et solidaire, une utopie réaliste pour le XXIe siècle ?*, 2023

Achevé d'imprimer en avril 2023 par Laballery (France)
Numéro d'impression : 303824
Dépôt légal : mai 2023